U0939998

西方哲理译丛●

Nicolo Machiavelli

〔意〕尼柯洛·马基雅维利——著

徐继业——译

君王论

金城出版社
GOLD WALL PRESS

北京·2020

图书在版编目（CIP）数据

君王论/（意）尼柯洛·马基雅维利
（Nicolo Machiavelli）著；徐继业译．—北京：金城
出版社有限公司，2020.6
书名原文：The Prince
ISBN 978-7-5155-1943-2

Ⅰ.①君… Ⅱ.①尼… ②徐… Ⅲ.①君主制-研究
Ⅳ.①D033.2

中国版本图书馆CIP数据核字（2019）第274436号

君王论

著　　者　（意）尼柯洛·马基雅维利
译　　者　徐继业
责任编辑　李凯丽
责任校对　李　涛
开　　本　660毫米×940毫米　1/16
印　　张　9.5
字　　数　120千字
版　　次　2020年6月第1版
印　　次　2020年6月第1次印刷
印　　刷　三河市双峰印刷装订有限公司
书　　号　ISBN 978-7-5155-1943-2
定　　价　32.00元

出版发行　**金城出版社有限公司**　北京市朝阳区利泽东二路3号
邮编：100102
发 行 部　（010）84254364
编 辑 部　（010）84250838
总 编 室　（010）64228516
网　　址　http://www.jccb.com.cn
电子邮箱　jinchengchuban@163.com
法律顾问　北京市安理律师事务所　（电话）18911105819

译 序

15 世纪后期，以意大利为发源地，掀起了急风暴雨般的文艺复兴运动，并迅速席卷整个欧洲。在这个伟大的时代中，涌现出许多狡诈凶残的政治阴谋家，如路易十二、契萨雷·博尔贾，也诞生了达·芬奇、马基雅维利这样艺术上和思想上的巨人；他们如彗星般划过黑暗的天空，为后人留下了无法估量的丰厚的精神遗产。《君王论》是其中引人注目的一部杰作。

马基雅维利的故乡是意大利半岛上的佛罗伦萨。这里在 14—15 世纪就已出现资本主义的最初萌芽，属于经济相当发达地区；然而，在政治上，它却长期处于四分五裂的状态。当时的意大利半岛上同时存在着五大割据势力：米兰、威尼斯、佛罗伦萨、教皇辖地和那不勒斯，此外还有许多小的城市国和诸侯国。各国之间争雄掠地，兵连祸结。此时的西欧已有不少国家实现了统一和政治稳定，但在意大利半岛上却缺乏一个强有力的政治力量，无法独立完成统一大业。为了战胜对手，各国统治者不惜勾结外国，引狼入室。到 1494 年，终于爆发了历时半个多世纪，有法、西、德等国参加的意大利战争。

马基雅维利的政治生涯，是与佛罗伦萨共和国紧密联系在一起的。15 世纪初，共和国政权落入美第奇家族之手，实行僭主统治，依靠金融业和商业的力量集中政府意志。1494 年，法军入侵意大利，美第奇家族被逐，佛罗伦萨人民在修道士萨伏那罗拉的领导下举行起义，重建共和国。1498 年，萨伏那罗拉遇害，共和国在它的草莽领袖死后，继续生存了 14 年，直到 1512 年美第奇家族复辟。这段时间，构成了马基雅维利政治生涯的黄金时代。

尼柯洛·马基雅维利（Niccolò Machiavelli，1469—1527）出生于佛罗伦萨望族马基雅维利家族中较为贫寒的一支。他父亲贝尔纳多是一名拥有法学博士头衔的开业律师，在城郊一带薄有田产，属于那种不景气的中产阶级成员。他的母亲有一定的文学功底，曾写过一些诗。兄妹四人的教育，主要是依赖于父母亲的家庭熏陶和指导。少年时代，马基雅维利就大量阅读西塞罗、贺拉斯、李维等人的著作，并通过自学，精通了古奥的拉丁文，培养了一种独立思考、崇尚自由的精神气质。成年以后，他投身于政界，成为佛罗伦萨政府雇员，但一直碌碌无为，不见起色。直到 1498 年，马基雅维利突然受命担任国务秘书，在执政团的领导下负责共和国的防务和外交，这才使他初步崭露头角。1501 年，皮埃罗·索德里尼当选为终身正义旗手，马基雅维利受其赏识，成为索德里尼的重要助手，在此后的国家事务中，发挥了越来越重大的作用和影响。

在共和国政府中任职期间，马基雅维利多次衔命出使国外。作为一个无力自卫的富裕的商业国的使者，面对兴旺而强大的邻国的咄咄威势，马基雅维利痛感祖国分裂的耻辱和武备不振的衰微。从这些经验和教训中，他开始探索拯救处于长期分裂中的祖国的方案。

几个世纪以来，意大利各城邦国一直使用雇佣军作战。这种军队骄横跋扈，缺乏纪律，不守忠信，容易叛变。马基雅维利建议政府从城市周围的农村中征募士兵，建立民军，并亲自指挥这支军队出征比萨，获得胜利。但当1512年由教皇、西班牙和威尼斯的联军“神圣联盟”攻来时，马基雅维利的民军却惨遭失败。美第奇家族在西班牙的扶植下，重返佛罗伦萨，恢复昔日的僭主统治。

马基雅维利失去在共和国政府中的职位后，曾遭美第奇家族的逮捕和刑讯；获释后移居城外，在父亲遗留给他的那一小块地产上，过着清贫的农夫生活。为了重新谋得职位，他一再上书干谒，并请人代为向美第奇家族疏通，祈求眷顾，但都毫无结果。1520年，他获得了编修《佛罗伦萨史》的临时职位。1527年5月，佛罗伦萨再次发生反僭主起义，放逐美第奇家族，重建共和国。马基雅维利立即赶赴佛罗伦萨，寄望于政府眷念他当年为共和国效力的功劳，给予他应有的职位和尊敬。但政府却以他曾上书美第奇家族并为之工作为由，断然拒绝了这个老牌共和党人。马基雅维利的精神支柱被彻底摧毁，在极度痛苦与绝望中，他仅仅活了一个多月，就于是年6月22日忧病而逝。

马基雅维利在政治上失意之日，却是他学术上成功之时。去职后，他所完成的第一部著作即这本惊世骇俗的《君王论》，这是马基雅维利对佛罗伦萨数百年间“政治实践与激烈革命”的一个总结，也是他本人从政10余年的经验教训的理论产物。面对意大利长期政治分裂所造成的恶果，他认为只有建立起统一的中央集权政治，才能抑制内乱，抗御外侮，维护国家的主权和民族的尊严。他虽然崇尚共和制度，但君王倘能运用他的强大而不受制约的权力，动用一切公开的或隐蔽的手段，以拯救意大利于水深火热之中，那么，实行君王制也未尝不是一件令人向往的事。对于马基雅维利，目的才是他关注的对象，而手段却是处于道德规范之外的、可以独立研究的技术性问题，它与目的并不构成任何道德上的联系。在讨论君王的统治方式和权谋术数时，他把博尔贾当作可资仿效的榜样，认为那些强暴狡诈、背信弃义的卑劣手段，只要有利于目标的实现，就都是可取的，并应当加以肯定。这一整套政治思想，充分反映了当时新兴的资产阶级建立强大而统一的中央集权国家的进步要求。

马基雅维利自己对这部书也期许甚高。他在写给友人的信中说："如果他们读到这本书，他们会发现，15 年来我一直孜孜不倦的在研究治国之术，我没有睡大觉，也没有嬉游玩乐。我有理由相信，他们会乐于使用一个从他人的牺牲中获得了大量经验的人。"他满怀热望将这部书稿呈献美第奇家族（约 1515 年，受者为小洛伦），但却被弃若敝屣，不予理睬。此书直到 1532 年才在教皇克莱芒七世（1480—1534 年）的赞助下得以出版，而此时，作者已经死去 5 年。

马基雅维利的思想中含有很浓的人文主义因素。既有对阶级荒淫无耻的揭露，又有对权力及随权力而来的利益的崇拜。他认为，要统治者援手拯救祖国而完全出诸公心是不可思议的，这其中必然掺杂了大量的私欲和肮脏的权术。为了证明他的"为达目的，不择手段"这一理论的正确，在《佛罗伦萨史》中，他借起义者之口说出了下面这些一针见血的名言：

"不要上当，以为他们祖先的古老血统会使他们比我们高贵；因为所有人类都出于同一祖先，都是同样古老；而大自然也把所有的人都塑造成一个模样。大家把衣服脱光了，就会看到人人都长得差不多……只是由于贫富不同，才使我们有了贵贱之分……”

“你们只要对人类的行为留神观察，就会看到，所有那些获得巨大权势、取得大量财富的人，不是运用暴力就是运用欺骗的手法。而对于用暴力和欺骗得到的这一切，他们总是千方百计地用伪造的所谓正义的美名来掩藏他们取得这些东西时所用的那些可耻的伎俩。那些由于轻率任性或头脑迟钝而不愿意这样干的人，总是陷于受奴役和贫困的境地。因为忠实的奴仆总是当奴仆，诚实的人永远受穷。除非既大胆又不忠实，否则永远也摆脱不了奴役；除非既贪婪又奸诈，不然一辈子也逃不出贫困。上帝和大自然把所有人生的幸福都撒到人间，人们把它抓到手的方法与其说是勤勉不如说是强夺，是恶行而不是善举；因此，只能是人吃人。只有不能自卫的人才活该担惊害怕。所以，当机会来到时，我们必须使用暴力……”

要全面地理解马基雅维利的思想，仅读《君王论》是不够的。稍晚于《君王论》而完成的另一部著作《李维史论》集中了他全部的共和政治的思想精华。他所探索的主题始终围绕在有关意大利兴亡的国家政治、军事、历史及宗教等方面的问题上。《君王论》推崇的是可消除意大利内忧外患的混乱状态的强力而独裁的君王制，而《李维史论》颂扬的则是作为作者心中理想的平民参政的共和政体，同时对意大利衰弱与分裂的祸根——罗马教会的罪恶行径，也作了大胆而精当的解剖。《李维史论》一直被认为是《君王论》的不可或缺的孪生姊妹篇。

除上述提到的三部作品外，马基雅维利还留下了《兵法》（又译《战争的艺术》）、讽刺喜剧《曼陀罗华》，以及大量的笔记、书信和调查报告等。这些文字在历史上都有着不可忽视的重要价值，但至今尚没有一个完整的中文译本。

《君王论》问世以来，对整个世界的政治思想和学术领域都产生了极为巨大的影响，然而毁多于誉，对这部书及作者的攻击几乎一直没有间断。只是到20世纪后期，人们才逐渐能够以平静的心情和科学的态度来予以研究。在西方，这部作品被誉为“影响世界的十大名著”之一，是人类有史以来，对政治斗争技巧的最独到、最精辟、最诚实的“验尸”报告。他是第一位将政治和伦理学分家的政治思想家，而他的一腔爱国之情，在历史的乌云退去之后，终于大白于天下人面前。我们有信心断言，马基雅维利及其思想必将越来越受到人们的重视，并得到更加深入的研究，而他的一系列重要著作，也会逐步完整译介到国内来，使国人能更为方便地与这位470余年来空前绝后的西方思想巨人午夜剪烛，促膝长谈。

译　者

给洛伦佐殿下的献词

任何想赢得君王恩宠的人，向来都是这样：不是把自己认为最宝贵的东西献给君王，就是把自己认为君王最喜爱的东西献给君王。因此我们常常看见人们把同君王的身份等价的一类装饰品以及诸如骏马、武器、绣缎、珍宝献给君王们。现在我想向殿下奉献本人对您的一片忠诚。我觉得在我拥有的东西里面，没有什么会比我从伟大人物事迹研究中获得的知识更珍贵而有价值的了。我长期孜孜不倦地对当代大事和古代大事进行了深入的思考和研究，集多年的创作经验，写成薄薄的一卷书。我将本书献给殿下，聊表心意。

鉴于我的能力所限，不能献给您丰厚的礼物。我自己认为这部著作不值得您垂爱，但是这部著作使您能够在最短的时间内，了解我经年累月、历尽困厄所学到的一切事理。因此我深信，仰赖您的宽厚博大，这部著作一定会蒙您嘉纳的。

为了某个主题，多数人创作时总是刻意地加以修饰，于是选择人们津津乐道的铿锵的章句、夸张而瑰丽的语言和形式乖巧的东西，或者装饰品。但我对于这部著作却不这样做。因为我希望我的著作非但可以赢得称誉，而且相信是由于其内容的新颖和主题的重要性而受到世人瞩目的。

对于一个地位卑微的人而言，敢于探讨和指点君王的政务，不应当被看作僭妄的举措。因为正如那些为了描绘山峰和高地而立足于低谷，为了纵览平原风光便高踞山顶的风景画创作者一样。同样道理，能透彻地认识人民的性质的人应该是君王，而欲悟透君王的性质的人应是人民。

因此，殿下，请您体谅我的心意，并接受这个小小的礼物吧！当您细心地研读这部著作时，您就会从中了解到我的热切的愿望；同时，如果殿下有朝一日，从您所在的巍巍的顶峰俯瞰这卑下的地方，您就会察觉我是多么无辜地受着命运之神的那种恶毒的、持久的、巨大的折磨！

尼柯洛·马基雅维利

目　录

第一篇　君王国的国体

第一章　论王国种类与获取王国的手段 …………………… 2
第二章　论世袭的王国 …………………………………………… 3
第三章　论混合式王国 …………………………………………… 4

第二篇　君王国的获取

第四章　论亚历山大征服大流士及其他 ……………………… 18
第五章　如何统治在吞并前法律下生活的城市或君王国 … 22
第六章　论凭借自身的武力与才智而取得的新君王国 …… 24
第七章　论凭借他人之力或因机运而获取的新君王国
………………………………………………………………… 29
第八章　论以邪恶手段获得君王权位者 ……………………… 39

第三篇　国民与教会政治

第九章　论市民君王国 …………………………………… 46
第十章　如何评估所有君王国的力量 ………………… 50
第十一章　论教会君王国 ………………………………… 52

第四篇　军队与国防

第十二章　论各种军队兼及雇佣军 ……………………… 58
第十三章　论客军、混合军和本国军 …………………… 65
第十四章　论君王在军事方面的责任 …………………… 70

第五篇　暴政与仁政

第十五章　论世人尤其君王受到赞扬或责难的缘由 ……… 75
第十六章　论慷慨与吝啬 ………………………………… 77
第十七章　论残暴与仁慈，兼论为人所爱与为人所惧孰优
…………………………………………………………… 80

第六篇　君王的自身形象

第十八章　论君王应当如何守信 ………………………… 86

第十九章 论君王必须避免受到蔑视与憎恨 …………………… 89
第二十章 论建筑城堡利弊，兼论君王日常事务 ………… 101
第二十一章 君王应怎样做才能受人尊敬………………… 106

第七篇 当权人

第二十二章 论君王的大臣…………………………………… 112
第二十三章 论如何远离谄媚者 …………………………… 113
第二十四章 论意大利的君王们丧失国家的根本原因 …… 116
第二十五章 论命运对人世的作用，兼论对抗命运 ……… 118
第二十六章 奉劝将意大利从蛮族手中解放出来 ………… 121

附录 论马基雅维利 …………………………………………… 126

第一篇

君王国的国体

第一章
论王国种类与获得王国的手段

无论什么朝代，凡统治着人类或曾统治过人类的一切国家与领地，一种称“共和国”，另一种则称“王国”。

“王国”又可分为世袭而来的和新奠基缔造的。

新建的王国，要么一切都是新生的，像弗朗切斯科·斯福尔扎(Francesco Sforza)[①] 的米兰公国；要么部分掠夺来的领土被归并到某君王世袭的国家里的，像西班牙国王的那不勒斯王国[②]。

那些被某一君王占领来的领土，不外乎于领土上的人们早已熟悉占领者的统治和曾是自由之邦两种情况。它们之所以成为被侵吞或被掠夺的对象，其理由是由于本土的弱小，容易屈服或受制于某君王的武力；

---

① 弗朗切斯科·斯福尔扎（Francesco Sforza，1401—1466 年），16 岁从军，1424 年父死即继承其父的雇佣军队长之职为米兰作战。其后娶米兰公爵的私生女碧昂佳为妻。1447 年米兰宣布为共和国，他担任雇佣军队长；1450 年倒戈反击，迫使共和国最高会议拥立其为米兰公爵。

② 那不勒斯王国，15 世纪意大利半岛的五个主要国家之一，于1500 年由西班牙国王费尔迪南多二世同法王路易十二缔结条约予以瓜分。1504 年，西班牙将法国势力从所占领的部分领土赶走，并将西西里兼并。

或者是凭借另一君王的武力，向邻邦进行扩张称国；也有的是因为某君王才能超群，对自己意欲占有的领土不需费吹灰之力，便能智取。

第二章　论世袭的王国

我在别的地方，已充分讨论过共和国的问题，所以，我现在只谈王国，讨论一下在前一章我所提出的王国，如何治理和维持国家。

我认为，一个由某一个家族“一贯制”统治的世袭国家，要比新缔造的国家好治理得多。世袭国家有一整套世代相传的陈规旧举，各代的统治者只要不逾越那些陈规旧举，不进行大的“标新立异”，一切顺从人心民意，或者让自己去适应那些不可预见的情况，要使得国家安宁是不难办到的。这样的君王，如果他不荒淫无度，稍稍勤奋，那么他就不会在各种外力干扰中显得无所适从，除非外力异乎寻常强大。即使有某种外力夺走了他的王位，他也不会甘于其辱，一旦有成熟的时机、条件和土壤，他还是有能力收复自己的江山。

我们意大利就有例子，费拉拉公爵（Duke of Ferrara）[1]。在1484年

① 费拉拉公爵，指在教皇辖地费拉拉执掌政权的埃尔科莱·德斯特（在位1471—1505年）和阿方索·德斯特（在位1503—1534年）。德斯特一家从1208年起一直就是费拉拉的望族。1332年教皇承认德斯特家族三兄弟为费拉拉的代理人，从此，这个家族的势力日益强大。

和1510年，费拉拉公爵先后率领其部打退了威尼斯人和教皇尤里乌二世（Julius Ⅱ）[①] 的进犯，世袭王国的统治便是他的不二法门，因为他的一家已累代牢牢地统治了这一领地。费拉拉公爵在合法继承君王位置后，以其爱民如子之心，深得上下臣民的拥戴和追随。作为一个世袭王国的君王，只要他的所作所为不过分出格，亦即不犯天理难容的罪恶，他就可以为自己的臣民们深深拥戴。这是合乎常理的。

由于世袭王国的统治缺乏变革的意识，它的主要弊端突出地表现在古老、落后等方面。每一个变革总是为另一个新变革作准备，并促成另一个更新的变革的发生。

第三章　论混合式王国

世袭王国的各种情形，若要在新缔造的王国里表现出来确实是有很大困难的。试想，倘若它并不是一个全新的国家而是混合式王国中的一个成员国，就很容易出乱子。

---

① 尤里乌二世（1413—1513年），原为枢机主教，1503年起任教皇，1513年终止。他是一个强有力的教皇，聪明的外交家，能干的军人。在位期间，决心收复教皇的所有辖地，一些处于教皇主权之下的罗马诸贵族的繁荣时代由此宣告结束。在罗马，他提出和实施了最大规模的建筑计划，现存的圣彼得大教堂，就是由他奠基的。

所有新建的王国，臣民们最良好的愿望是国王带领他们改善艰苦的困境；他们不满于国王的统治时，就要拿起武器来推翻其政权。每每此类事件发生，都只能验证：他们的境况变得更糟了，他们的生活更艰苦了。此时他们才发现又一次受骗了！那么，为什么会造成这恶性循环呢？这里有个内在的原因：当一个君王夺得了某一块领土后，由于他的士兵或部属的恣意妄为，在民众中犯下屡屡暴行，加之由于本身侵占别人领地所派生的一系列违反民意的不端行为，这些都会给他所征服的土地上的臣民带来精神以至于物质上的损害。这样的政权机构，能不摇摇欲坠吗？

一个君王要进入一块新的领地，首先必须取得该地臣民对你的好感。否则，当你进入这块土地时，那些因你的占领行为而不同程度遭受损害的臣民们便都成了你的仇敌；况且，那些起初很忠实地帮助你征服这块土块的同僚们也很有可能成为你的反叛者，因为你并没有兑现你先前的许诺，你坐稳江山后，一反常态地指责他们微不足道的过失。此时无论你的武力多么强大，他们照样要和你反目成仇。

当年法兰西国王路易十二（Louis Ⅻ）[①] 攻占米兰得心应手，但又

---

① 路易十二（1462—1516 年），奥尔良公爵查理之子，于 1498 年继查理八世为法兰西国王。他原娶路易十一之女为妻，为了要保持布列丹尼公国在他的王国之内，他离了婚，与前王查理八世的遗孀做了一宗政治买卖。此人在当时的政坛上纵横捭阖，变化多端。马氏在书中提到他的地方甚多。其一生行事中最主要的如下：1499 年与威尼斯结盟，分割米兰领土。1500 年，与西班牙签订密约，分割那不勒斯。1502 年，法、西二强冲突，法军于 1503 年在加立良诺大败。数年后，与教皇、西班牙及神圣罗马皇帝建立同盟，瓜分威尼斯领土。1509 年，法军大败威尼斯军，但旋即与教会交恶，终于决裂。1512 年，法军与教皇方面的神圣同盟作战，在拉文那一战中获胜。此后法军几乎全部退出意大利。1513 年，路易十二又与威尼斯结盟，进攻米兰，但在诺凡拉一战中，法军为意大利人所雇的瑞士军所败。

很迅速地失掉了它。第一回从路易十二手里夺回米兰的便是卢多维科·斯福尔扎（Ludovico Sforza）[①] 率领的军队。当路易十二进入米兰时，善良、无知的臣民们还欢天喜地地为其敞开城门，后来臣民们又发现自己对法王的希望已被化作了泡影，他们的愿望并没有从他身上得到兑现，他们就忍无可忍了。

一般地说，倘若将曾经反叛过的领地重新征服之后，再度成为失地就不是件简单的事了。作为一个君王，他应该从先前的教训中领悟发生叛乱的个中之因。于是，他会尽量地去赦免罪犯；减轻自己的嫌疑心，以此借身边之力巩固其政权和地位。因此，当法王路易十二第一次征服米兰，而卢多维科公爵带领军队兵临城下，又很快地让法王失掉了米兰。可到了第二次，全世界人都起来与他作对，法兰西军队被意大利人彻底击溃并驱逐出本土。

法国毕竟是先后两次征服米兰而又失去米兰。路易十二第一回失掉米兰的事例我已在前面交代过，现在，我们不妨共同去探讨一下法王第二次失去米兰的原因所在。那些被某君王侵占后，又被归并到他自己的疆域的小邦，大概和旧邦的臣民同属一个民族，他们的语言极易相通，文化习俗又一脉相承（当然，也并非所有的小邦都属这种情况），那么这样的新王国则较涣散，加之他们原本处于半愚昧状态，也无什么自由的奢望，那就更容易统治了。新王若要得到那里公民的拥戴，彻底消灭原来统治过他们的王族便是最先决的条件；其次是要充分地尊重他人的

---

① 卢多维科·斯福尔扎，米兰公爵弗朗切斯科·斯福尔扎之子。他自1480年至1500年为米兰的统治者，于1494年自封为公爵。1499年法王路易十二进入米兰，卢多维科逃亡。一年后米兰动乱，他乘势复国。但1500年法军再临，他战败被抓，被囚禁于法。1508年去世。

生活方式和风俗习惯。大凡小邦上的臣民在新统治者的统治下，能够安定地生存下去，诸如布列塔尼、布尔戈尼、加斯科涅及诺曼底等诸小邦长期以来被归并于法兰西，但未曾闹什么乱子一样。因为那些地方的语言和法律的差异可能很小，且生活及风俗习惯也与法国人相差无几，人与人之间较容易沟通，较容易和睦相处。

由此可见，不论是谁，只要他想征服某一块土地，并使之永保不失，他必须从以下两个方面去考虑或去制定相应的措施和办法。

一、对所得来的土地尚余存的旧统治者的残渣余孽必须斩草除根，不留隐患。

二、维持该地区原有的法律及税制。若仓促废除它，臣民们会拐不过弯来。这样，在短时间内，实现旧疆域和新领地的国家统一是不难的。

倘若新的领土是从语言、法律与民俗习惯等均存在很大差异的国土中征服来的，那么需要治理它就得克服重重的困难了。君王若想永远占有它，仅靠好运气和压力是不牢靠的。这里有最有效的办法可供借鉴：首先，新君王应该亲自在那块领地安营扎寨，君王住在那里，臣民们在瓜田李下过着安康生活，出乱子的可能性就小。即使出了乱子，君王亲自督阵镇乱，所有的补救措施都能及时到位。当年土耳其人征服希腊，土耳其王就是这么想，也是这么做的。试想，当时土耳其王假如不亲自住到那里去，仅靠自己在很远的地方实行“遥控”，能不很快就发生乱子吗？其次，君王如果住到新占领地，那么这块土地上的任何财富不至于受你的不法官吏们所抢掠。另外，君王还要甘作臣民们的靠山，使臣民们遇到困难并求助于你时均能得到满足。假如某地的臣民是善于效忠的民族，那么能和他们打成一片的新君王便会受到他们加倍的拥戴；假如臣民不愿效忠新君王，甚至害怕、回避新君王，那么此新君王在这块新土地上的政权机构便毫无基础可言。鉴于此，再强大的外国势力，若想去攻占这块土地，也会因为这块土地上驻着君王而踌躇，不敢轻举妄动。因此，只要君王住在当地，他在该地的统治机构便最难以被颠覆。

还有一条既省事又经济的治理领地的办法，即从该地选择两块风水宝地建立殖民地[①]。这样，可比建立一支庞大的武装部队实行备战简单得多，也经济得多。君王欲建立殖民地较之于建立一支庞大的军队所应付出的代价，简直是微乎其微，或者他所付出的代价极小，或者根本无需付出任何代价，便可建立和治理这些殖民地并使其不出乱子。但建立殖民地必然需要地盘，需要地盘就势必要损害所在地盘上原住居民的利益。所以，君王在征用这些地盘时，要尽量地将损害居民利益的比例减小到最低程度，然后，再将其送给殖民者。这样，那些利益遭受损害但为数却甚少的居民们虽然变得贫穷潦倒，尽管他们会对新君王咬牙切齿，但欲推翻新统治机构也会显得力不从心，充其量也只能弃家离散，另谋生路。其他为数众多的臣民，一方面由于未曾受损害而较容易得以安抚；另一方面又因害怕自己遭受已被损害的那些人的命运之故而不得不循规蹈矩。

结论是：人若不受安抚，便待以被灭；人们往往会因为受到小小的伤害而燃起复仇之火，却不能因为自己受到毁灭性的伤害而从事复仇。因此，我们一旦欲加害于人，一定要害到使其无法翻身的地步，这样，

① 殖民地，初指一国在国外所侵占并大批移民地区。在资本主义时期特别是帝国主义阶段，指遭受外来侵略、丧失主权和独立，在政治乃至经济上完全由帝国主义列强所支配的地区。在广义上，它还包括不同程度上失去政治和经济上的独立而依附外国的保护国、附属国等。

对手的锐气丧失殆尽，我们就无需再去担心他的复仇之念了。

我认为以长驻武装的办法来代替殖民地，得花费巨大的开支，耗在军队中所用的金钱甚至相当于所在国家的国民收入，以致得不偿失。况且这种做法更容易激怒当地的臣民，因为武装部队太庞大，就很可能会伤害那里的居民。驻军不但不去保护人民，反而向人民伸手，人民能不痛恨这样的军队吗？反过来说，军队是君王雇佣的，无论它是否对君王有益，当无仗可打时，大批大批地留在领地受豢养，君王就得背上负担。因此，无论从哪个角度看，建立庞大的武装部队对于加强政权统治弊多利少，而只有建立殖民地才是有利于国民安康的方法。

综上所述，对于那些与本土分离，且语言、风俗习惯等与本国人又存在很大差异的占领地，君王若想永久拥有此地，应该亲自担负起这些领土，担当弱小领土的领袖或保护人，并根据领土的强弱和大小，配备防御性军队，以留意这些领土由于缺乏军力而受外国列强的侵略。有一种可能会发生的情况不得不提请君王注意，即有些弱小的领地或者由于野心，或者由于恐惧而对自己的君王不满甚至失望，为了生存，他们会投靠外国势力，或者借外国势力颠覆自己的君王的政权统治。如当年埃托利亚人（Aetolians）见罗马国强大，便劝说罗马人大举进攻西班牙疆土。

当一个较强大的外国君王征服了某一块新领地，该领地尚存下来的那些弱小的王公贵族们出于对原来统治者所怀极端不满而派生出妒忌情绪时，便很容易成为新侵入该领地君王的附庸。这个迹象表明：在新君王进入这些领地并收罗同党时，争取这些王公贵族是无需太费心思的，因为他们本身已很自觉地归附于新君王所建立的新国家。到新领地的新君王也需注意一个问题，就是不能过度信任这些王公贵族，不能赐予他们太多的权力和威望，要充分估计自己的力量施政；那些王公贵族的力量不足为惧，仅仅是借重其善意而已。这样做，还能削弱那些较强的地方势力，并使其也对新君王俯首称臣，以利于新君王在所征服来的任何一块领地上均能成为该领地唯一权威的仲裁者。倘若有谁对我所提的治理新国家的建议不以为然，他们得来的领地将很快地落入别人之手，即使他还能继续拥有此领地，那也要遇到种种的艰难困苦，其底气也不过是苟延残喘，而且国家亦将处于岌岌可危之中。

当年罗马军队攻克诸领地，所到之处无不所向披靡。罗马人对所征服的领地中的弱小王公贵族一律不予以强权，而对那些强盛的大王公势力却大举镇压，毫不手软，他们甚至坚决杜绝外国势力在该领地的滋生。为此，我觉得应该向大家举一下罗马人在希腊诸省中所作所为的例子。他们认真地和阿卡亚人（Achacans）及埃托利亚人交朋友，顺利地征服了马其顿王国①，驱逐了叙利亚王安迪奥克斯（Antiochus）②。可是，尽管阿卡亚人和埃托利亚人行为良好，罗马人除给他们一定的领地外，并不允许其扩张更大的地盘；他们同意和马其顿王菲力普交朋友，但前提却是要对方将原势力削减；安迪奥克斯虽势力较强盛，却无法在

---

① 马其顿王国，巴尔干半岛中部的古代奴隶制国家。始于公元前5世纪，至公元前4世纪中叶形成统一的马其顿王国，征服了希腊各城邦。在国王亚历山大统治时期，又大举进攻东方，形成庞大的亚历山大帝国。公元前2世纪中叶并入罗马。

② 公元前214年，马其顿国王菲力普（公元前231—前179年）与迦泰基安尼拔勒结盟，对付罗马及希腊各城邦。因此罗马与希腊各城邦结盟。公元前197年，罗马人打败菲力普，从此控制了马其顿和希腊。公元前192年，叙利亚国王安迪奥克斯（公元前223—公元前187年）出兵支援希腊，小亚细亚的希腊城邦则请求罗马人帮助。公元前190年，安迪奥克斯被罗马人打败，被迫放弃全部小亚细亚。其后马其顿东山再起，但在公元前186年再度被罗马人消灭，曾帮助马其顿的希腊人也不能幸免于难。

罗马人所控制的领地占有一席之地。

上述的例子，说明罗马人的确绝顶高明，罗马人的君王所做的一切盖过了其他所有的君王的智慧。这些君王们在制定治国的纲领时，不但考虑到眼前的利益，而且考虑到将来的利益。为防患于未然，他们制定了一系列补救的措施。就像预防流行病一样，如果不能及时预防，当你发现病疫来临时，那病疫却已入膏肓，再去找药治病已经来不及了，管理国家事务也不外乎如此。作为善理国政的君王，他必能够很早就会预见到一些事情的发生，针对自己的预见来策划既周详又稳妥的预防措施，那些可能发生的一切坏事均易于补救。倘若君王不曾去预见，以致那些坏事恶性膨胀，发展到人人均要受其害的地步时，再去想办法予以补救，那么一切都将无济于事。因此，我们不得不佩服罗马人所具有的先见之明。罗马人既然能够在祸患还在很遥远的时候就能感觉到，当然就能找到防止祸患发生的补救之道。他们的战争敏感度出奇的高；他们容不得给对手提供时间做好战争准备。因为他们深知，为了争夺领土而发生的战争随时都有可能发生，所以战争是不可避免的，仅仅是时间的迟早罢了。罗马人在得知希腊人要对马其顿王菲力普和叙利亚王安迪奥克斯宣战时，为了不让战场开到意大利来，他们便也不甘寂寞了。按理说，他们完全可以避免这两次战争中的任何一次，但为了意大利本土的安宁，他们不愿意避免，却宁愿卷入其中。因为他们极不愿意实行我们几乎每天都可以从聪明的人嘴里说出来的那句话："消受拖延时日之得"，却宁愿依靠自己的果敢与谨慎征战希腊王国。

时间是无情的东西，它能给国家带来一切：既能带来好事，也有可能带来坏事。

我们回过头来看一看法国是怎样的情形吧。我姑且不去谈查理八世

(Charles Ⅷ)[①]，而只将路易十二提出来议一议。他的事情也许大家能更熟悉一些，因为他在意大利的时间与前者相比毕竟长得多了。你可以看到：凡是为了征服一块领地后必须在该领地实行合理的统治政策他都没有制定过，他所干的事，则令今人实在不敢太多恭维，因为他的所作所为和罗马人恰恰是反其道而行之。路易十二是被怀有野心的威尼斯人请到意大利来的。这些威尼斯人并不是钦佩路易十二，他们心怀鬼胎。法国当时武力强盛，他就想利用法国人的武力夺取伦巴第（Lombardy)[②]一半的土地。我不想因为法王路易十二扮演了这种受人利用的角色而去指责他。他在意大利的确一筹莫展，因为那里根本没有法兰西人的朋友，法王查理家系的行为早已给他关闭了在那里的一切友善之门。那么路易十二要想在意大利立足，就不得不另辟蹊径，寻觅他自以为可以交的朋友。偏偏他就在这方面犯了错误，如果他不犯错误的话，也许他的原本计谋就能迅速地获得成功。

路易十二征服了伦巴第后，首先做的事是恢复了查理王在该地所丧失的名誉，接着是降服了热那亚（Genova)[③]；佛罗伦萨[④]人（Florentines）成了他的朋友，曼托瓦侯爵（Marquess of Mantua)、费拉拉（Ferrara）公爵、本蒂沃利奥（Bentivoglio)、富尔利夫人（lady of For-

---

① 查理八世（1470—1498 年），法兰西王。1494 年以王室继承人资格，要求入侵意大利。旋即进占那不勒斯。意大利大小诸帮结成抗法联军，协同西班牙和罗马一同对付法军。泰罗一战，法军完全北撤。后来，查理八世意欲再次入侵意大利，未果。

② 伦巴第，意大利北部地区国家。在阿尔卑斯山和亚平宁之间。

③ 热那亚，10—18 世纪意大利西北部城市国家，10 世纪起商贸鼎盛，13—14 世纪打败比萨和威尼斯，后内部矛盾激化，于 1805 年被法兰西吞并。

④ 佛罗伦萨，中世纪意大利中部国家。1057 年为图斯坎尼侯国政治文化中心，1739 年被奥地利占领，1860 年并入撒旦王国，次年由意大利王国收复。

li)，还有法恩扎、佩萨罗、里米尼、卡梅里诺、皮奥姆比诺等王公贵族们纷纷都拥来和他论交情，就连卢卡、比萨、锡耶纳等地的居民也跑来和他攀交。那时的威尼斯人却颇有心计，他们清醒地意识到：如果让这种现状放任自流，其严重的后果是自己仅仅得到伦巴第的几个城市，却让法兰西人得到了三分之二的意大利的土地！

现在我们再来做个不定的假设，即如果当年法王路易十二的做法遵循了我们前面所述的那种行为准则，那他该多么稳健地立足于意大利，并保持其当有的统治势力啊！如果他对周边的所有朋友进行筛选后，保留着那些能真心实意地保护他的政权的朋友（这种朋友大凡是指为数众多，但个体力量微弱者。在他们中间，有的是与教会格格不入的，有的是又恨又怕威尼斯人的，他们也需要找到自己的靠山，因此，他们就不得不依附于他），那么他要使自己的统治地位固若金汤是不难做到的。同时，他完全有条件在此基础上组织起力量去征服意大利境内其余的那些比较有威胁的强邦。可是，法王并没有这么去做。他一到米兰，就干了一件令人不可思议的事。他助教皇亚历山大六世[①]占领罗马尼阿(Romagna)。他这么做不但是在削弱自己的力量，而且怂恿了那些本来就对他的势力构成威胁的强邦，又将自己的朋友与投入他的怀抱寻求保护的人一一推开，使自己完全处于孤立被动之中。由于他将这样大的世俗力量拱手让给教皇，使其精神力量骤然剧增（这种精神力量已经让教会享有极大的威望），这样，教会的势力便如虎添翼。路易十二先犯下了第一个错误，接着他又被迫犯下了第二个错误：为了想遏制住教皇亚历山大六世的野心，为了阻止他成为托斯卡纳（Tuscany）的主人，法

---

① 亚历山大六世（Alexaner Ⅵ）原为枢机主教，1492 年当选为教皇。此人行政方面十分能干，但私人生活腐化，臭名昭著，疯狂地宠爱其私生女。

王路易在无任何办法可施的前提下，不得不亲自来到意大利。

法王助长了意大利教皇的势力，使自己在那里失去了很多朋友，却还自以为是别人的江山摇摇欲坠，还在觊觎那不勒斯王手中的沃土。他竟同西班牙国王一同瓜分了那不勒斯。本来，法王理应可以成为意大利唯一的独裁者，可是经他自己这么一捣，面目就全非了——他将自认为是伙伴的敌人引了进来，结果当然是后患无穷。当地那些尚保留实力的野心家们蜂拥而出，投靠外来势力，而原本他可以在那不勒斯留下一位向他忠心纳贡的君王，却被他撵下了台，取而代之的君王又是个强大得足可以将法王逐出意大利之人。

争城抢地本来是人类一种很自然且很平常的欲望，当人们为了实现这种欲望而施行计策时，战争就爆发了。而战争无论成败与否，都要系着人民的赞扬或谴责；但假如君王缺乏实现自己欲望的手段而又盲目地去和人争斗，他必会受到巨大的损失，且要招来人民的谴责。当年法国人倘若有能力单独攻占那不勒斯，他们就应该去作战，而不是去找个"搭伴"，然后与别人去瓜分。如果说，当初法王和威尼斯人联手征服伦巴第后又将其瓜分的行为是可以谅解的（那是路易十二欲插足意大利的一种手段），那么他后来又和西班牙人瓜分那不勒斯的做法就不知该受多少人的谴责了。因为那种做法不啻是引火烧身，把自己推向绝路。

法王路易十二犯了以下五个错误：

一、灭掉了原领土上的大批弱者；

二、怂恿了原本在意大利势力业已强盛的君王，使其如虎添翼；

三、将一位在外国势力强大的君王引进国门，酿成一发不可收拾的局面；

四、他自己不主动到意大利的占领地驻跸；

五、他身边无亲信，也未在意大利的占领地建立殖民地。

假如路易十二不是由于企图夺取威尼斯人的领地从而犯下了第六个错误，那么当他还在这个世界生存的时候，就不至于名声扫地。因为假如他不曾怂恿教会势力的扩大，不曾把西班牙人引进意大利来，那么他以自己现有的力量让威尼斯人屈服是理所当然，也是很有必要的。可是，他已经采取了那些办法之后，就决不应该同意去消灭威尼斯，因为威尼斯人若是很强大，他们是决不允许别的国家去打伦巴第的主意的。原因有三点：其一是威尼斯人除非能让自己成为伦巴第的主人，否则是不会同意别人成为那里的主人的；其二是无论哪个君王，都不会从法国人那里夺取伦巴第的领地后再将其献给别人；其三是无论是谁，都不敢轻易攻击法国与威尼斯人的联合力量。

倘若有人说，法王路易之所以将夺来的意大利、罗马拱手送给亚历山大六世，又把那不勒斯王国送给西班牙的做法，都是为了避免战争，那么根据上面所陈述的理由，我可以不置可否地说：任何人决不应当为了躲避一场战争而任由比战争带来的灾难更深重的乱子发生，因为一旦要发生战争，任何的躲避都是无济于事的，即使让一场将要发生的战争得以拖延，但这种拖延总是对你不利的。

倘若又有人为法王路易找托词说，当时教皇同意为法王解除不美满的婚约，并将把枢机主教的帽子戴到卢昂（Rouen）[①] 大主教的头上，为了报答教皇，法王还答应将夺取来的罗马尼阿献给他，以此作为条件来交换，那么我将在本书后面的部分论述有关君王的信义以及应如何恪守其信义的问题。

---

① 卢昂（1460—1501 年），法王路易十二的得力顾问。在法王对意政策上，他的意见起举足轻重的作用。

可见，法王路易十二丧失伦巴第的主权就是由于他没有按照那些占有领地并且保护领地的君王们所应遵循的规律和原则去做，所以，他的失败是不足为奇的，是自然、合理的，是符合规律的。当瓦伦蒂诺（Valentino）——教皇亚历山大六世的儿子切萨雷·博尔贾（Cesare Borgia）[①] 占领罗马尼阿的时候，我在南特（Nante）曾经同卢昂枢机主教（Cardinale di Roano）进行晤谈。那时这位主教对我说，意大利根本不懂什么是战争；我回答说，法国人更不知什么是政治，假如他们懂得政治，就不会允许罗马教会获得这么大的势力。

如上的事例充分地证明：教会势力的壮大和西班牙人在意大利的长驱直入完全是法国人造成的，而造成这种法国在意大利全面崩溃的根本原因也是法国人自己酿成的。从这里，我们可以得出一条肯定的或者说是罕见的规律，那便是谁若是要使别人势力强大，谁就是在自取灭亡。因为这种强大势力之所以造成，不是由于他的枉费心机，就是由于他的暴力。而对于那个被他拉起来的强者而言，其两种情况都要打上问号。

---

① 瓦伦蒂诺（1476—1507 年），马基雅维利心目中的标准君王。凭借其父亚历山大六世的权势，又发挥自己的才能，做了法诺公爵，娶了法王路易十二的侄女为妻。其后征服了罗马尼阿，1501 年攻取了法诺、贝莎洛、利米诺、赛塞那、富尔利、法恩扎和伊莫拉七个城市，被教皇封为罗曼那公爵。1505 年再次征讨卡美里诺及乌尔比诺二公国，获得胜利。之后，他又以十分狡诈与残暴的手段，将自己内部企图叛变的雇佣军一网打尽。1503 年起，他屡遭不幸，于 1507 年死于西班牙。

第二篇

君王国的获取

第四章 论亚历山大征服大流士及其他

有不少人对攻占并统治一个新领地会觉得困难重重。然而，他们又感到很奇怪，那就是究竟是什么原因致使亚历山大大帝[①]在短短的几年内便征服了亚洲并在那里立足？遗憾的是还没能在亚洲形成气候的时候他就死了。因此，人们认为这些占领地发生叛乱事件是合情合理的事。可是事实上，亚历山大大帝的继承者们却完全保住了这些领地。除了他们自己为了瓜分势力范围而发生内讧之外，还不曾发生过为抵御外来的力量而出现的困难。这究竟是什么原因呢？

对于这个问题，我们可以通过如下的分析寻找答案。有史以来，所有的君王治理国家的方法方式通常可分为以下两种：一是由一个君王以绝对的权威统治着国家，并有一群的臣仆作为统治的机器。这些臣仆们大多是受君王的信任和恩宠，臣民为君王的辅佐，帮助君王处理国家的政务。另一种则是由一个君王和贵族共同统治一个国家。这种情况下的

---

① 亚历山大大帝（Alexender，公元前356—前323年），马其顿国王。公元前336年即位后，残酷镇压希腊各城邦的反马其顿运动，并发动对东方的侵略战争，灭波斯帝国，远侵至印度，建立了一个地跨亚、非、欧三洲的亚历山大帝国。公元前323年病死。于是巴比伦帝国迅速分裂瓦解。

贵族并非如前一种贵族那样受到君王的信任和恩宠，而是受惠于古老的世系。这些贵族通常拥有他们自己的一部分产业和自己的臣民，而他们的臣民们对他们拥有的世系地位一经认可，臣民们对他们便会产生天生自然的崇仰。这种由一个君王和贵族们共同统治的国家中，君王享有较大的权威，因为君王毕竟是君王，他的地位是至高无上的且受人尊敬的。如果除君王以外，还能找到受人服从的人，那么此人必定是君王身边的大官员或代理人，但这种人并不像君王一样，所到之处均要受人前呼后拥，臣民们对他们也树立不起崇仰和爱戴之情。

说到此，我不妨将处于我们这个时代的土耳其人①和法兰西人②提出来作比较——关于这两种不同政治体制的最突出的、最具代表性的人物便是土耳其皇帝和法兰西国王。土耳其是全国仅有一个以皇帝为独尊的君王国，在皇帝的一人统治下，其余的人全是臣仆。土耳其皇帝将国家划分为若干个省（Sangiaccati），并指派各种的官员到这些省去负责省内的各项事务。皇帝可以根据需要随意更换或调遣他们的职位。

与土耳其明显不同的法兰西国王却处于从古就已形成的一大群世代相沿袭的贵族之中，而这些贵族各自又都拥有一定的实力和背景，他们均为自己的臣民所公认和爱戴，于是他们就自然地享有特权。正由于享有特权的一批贵族包围在王宫四周，而君王对此又欲罢不能，所以君王的位置就时时地处于危急之中。

通过对土耳其和法兰西的考察分析，一个明晰的结论便可以产生

---

① 土耳其人，土耳其的民族。西突厥人的后裔。于8—11世纪由中亚发展到小亚细亚，同当时突厥化的希腊人、波斯人、亚美尼亚人结合成本族，有自己的语言。

② 法兰西人，法国的民族。17—18世纪在加拿大的移民形成法兰西—加拿大人；14—15世纪及19世纪加入瑞士联邦者称法兰西—瑞士人。语言属印欧语。

了，那就是土耳其国家极难征服，但倘若有过于强大的势力将其征服了，那么保有这块领地再不受侵犯却是件易事；与其相反的是征服法兰西这样政体的国家相当容易，而征服后保有这个国家不再受侵犯却比什么都要困难。

征服土耳其国家之所以如此困难，其原因在于入侵者不可能从这种政体的国家中物色到一个贵族势力作其内奸，以削弱整个国家的抵御能力；同时也无法指望倚靠在皇帝身旁的官吏们带兵哗变，以使入侵者占渔翁得利之便宜。我们对其原因再作更深一层的探究便得知：土耳其的官员乃至于臣民无一不是君王的奴隶或奴才，他们根本不具备入侵者所寄望的那种实力，要收买他们，是很不划算的；即使有人被收买了，充其量窝囊废一个，因为他不可能带走土耳其的臣民。因此，谁若是挖空心思地想占土耳其人的便宜，谁必将受到土耳其整个联合力量的抗击。所以说应该依靠自己的力量，而不能依靠别人的叛乱。不过，假如一旦征服了土耳其皇帝，并将他的抵抗力量打得一败涂地，使其无法重振旗鼓，那么除了君王家族以外，你便再也遇不到什么可怕的人了；一旦君王的王室被颠覆之后，由于王室的其他人也未曾得到过臣民的敬仰，因此，这些人也就不值得去害怕了。作为一个征服者，对于在自己取得胜利之前所不需依靠的力量，那么在胜利之后也就无需对此力量而有所顾忌。

在诸如法兰西那种统治方式的王国中，所遇到的情况恰恰与前者相反。在那里，人们常常会遇到不满于现状的人和希望变革的人的存在，而这种人群中，不乏身为贵族或手中掌握一定势力的人物，倘若你施展点手段，将这些贵族或具有势力的人争取到手，然后再组织力量攻占那里，那就很容易得手。因为那些被你争取过来的人正由于不满现状，所以他们那里便可云集不少智者来为你的行为开路，在他们的参谋下，你即可轻而易举地取得胜利。但是以这种方式征服来的领地，要想永久保有它，你将会遇到很多始料未及的困难。这些困难的主要症结就在于那些曾经帮助你打江山和曾经被你毁了江山的人们。所以，你仅仅将君王的家族斩尽杀绝是不够的，因为所残存的贵族势力在一定的土壤和条件下，他们又会产生新的不满和变革欲，由于你既不灭绝他们，又无法使他们心满意足，因此，一旦他们遇到合适的机会，你的国家又会被他们断送掉。

现在我们继续来考察一下大流士王国的政治体制及其性质。我们从分析中发现，大流士的政体和土耳其的政体是何其的相似。因此，亚历山大去攻占此地时必须付出巨大的代价，直至把其完全击溃，并夺得所有的土地。亚历山大取得胜利后，大流士（Darius）① 随之也死了。亚历山大基于上述的理由，终于稳稳地夺取了这片土地。假如亚历山大大帝的继承者们能够团结一致，他们永久享有这片土地是不成问题的；假如他们不因为起内讧而引起一系列的纠纷，那个王国是不会出现其他乱子的。

但是，那些类似于法兰西政治体制的国家，却也很容易被人征服。包括法国在内的西班牙、希腊等国之所以屡次发生罗马人的暴乱，最主要的原因就在于这些国家都有着许许多多的小诸侯国，只要这些诸侯的记忆尚未消失，罗马人对他们也就欲罢不能，而一旦他们的记忆被罗马帝国②的权力和统治的长久性抹去，那么罗马人便可轻而易举地成为这些地区的主人。后来，罗马帝国内部发生互相倾轧的战乱，而战乱者每个人都已在自己掌握的领地获得了威信，他们的身后都有一批具有实力

---

① 大流士（Darius，公元前558—前486年），波斯帝国的最后一个国王。在镇压了各地奴隶起义后，于公元前522年取得王位。为巩固帝国的统治，他曾置行省，筑驰道，设驿站，组织常备军和统一币制，建立了较为完备的中央集权的国家制度。

② 罗马帝国，通常指公元前30年至476年的罗马奴隶制国家。帝国的始皇为奥古斯都大帝。

的人追随，加之原来的帝系家族被斩尽杀绝，于是，在这些地方亦只有罗马人才受到人们的承认。

所以，在我们对如上问题进行了反复思考之后，对于以下的结论就不会感到惊讶：亚历山大大帝能够长驱直入亚洲大陆，并轻而易举地保持其占领地；而他的继承者们如比勒斯（Pyrrhus）①等人却无法捍卫得来的江山，这都不是因征服者能力的大小而异，而是被征服者的性质有别。

第五章 如何统治在吞并前法律下生活的城市或君王国

倘若被征服的国家像前面所叙述的那种类型——一向习惯于在他们自己的法律之下自由的生活，那么，你若要长期保有这个国家，有三种办法可供选择。第一种是彻底摧毁它们；第二种是征服者亲自坐镇那里去；第三种是尊重那里世袭的法律，允许那里的臣民在他们自己的法律之下生活，但要他们按期进贡，同时建立一个能对你忠心耿耿的“寡头政府”，这种政府的主要功用在于能使该国臣民与你友善相处。基于“寡头政府”是由新君王所建立的原因，它意识到自己假如没有这位君

① 比勒斯（公元前318年—前272年），古希腊小邦艾辟罗斯（Epirus）之王。他曾企图征服马其顿，且曾在意大利与罗马人、在西西里与迦泰基人作战，以极其惨重的代价取得胜利。

王的势力作后盾或支持，就无法维持生存，因此，它的命脉就维系在这个君王身上；于是，它便不得不竭尽全力拥护这个君王。一个过惯了自己世袭的自由制度生活的民众群体，他们所在的城市一旦被新君王征服，那么要保有所在城市的新君王，除了依靠当地的民众群体的力量，就再也找不到比此更为捷径的路子了。

斯巴达人和罗马人保有征服国所采取的方法方式就足可以为以上的论点作例证。

斯巴达人就是依靠在已被征服的雅典与底比斯（Thebes）分别建立一个少数人的寡头政府来控制这两座城市的，但他们最终还是失掉了雅典和底比斯。罗马人为的是要保住卡普亚（Copuia）、迦泰基和努曼齐阿（Numantia），所以才把它们毁灭了，这种做法并没有使罗马人失掉以上城邦。罗马人想用斯巴达的模式来保有其占领地希腊，那就是允许希腊继续享有自己的法律及自由，但他们的做法并没有取得成功。为了要保有占领地，罗马人不得不依靠强大的势力摧毁那里的许多城市，因为要稳固地占有它，除了摧毁之外，便没有其他上上之策了。

任何一个人要想成为一个自由城市的新生统治者，若不以摧毁这个城市作先决条件，那么他所得到的报应则是坐以待毙。因为这种城市的民众随时都能够以自由及其世袭的习俗秩序为借口，从而进行造反的。而这两者无论是以悠长的时间流逝还是以施恩受惠都无法让人忘怀。只要那里的民众照旧聚居着一天，揭竿造反的危险性就多存在一天，除非用非常手段将那里的民众拆得四分五裂直至背井离乡，否则，任何有超凡之力的人也对随时随处可能发生的叛乱束手无策。要记住，被占领地的民众是决不会放弃自己的自由和法律作为反叛资本的。正如被佛罗伦萨人征服长达百余年的比萨市人，世人们每遭此类似的事件便会将比萨市人东山再起的事件作为教育后者的经验教训。

不过，并非所有的被占领地情况均是一概而论的。有些城市或者小邦的臣民在原君王的统治下已经生活习惯了，而后来，原君王已死，君王的家族业已被消灭，其世袭统治系统即被根除，那么这些地区的臣民们一方面由于已习惯于服从，另一方面由于原君王已不存在，他们自己中间长期无法达到意见一致地推选新君王，同时他们又不懂得怎样才能自由地生活。由于以上两个致命的原因，所以要他们拿起武器来造反的话，也必然是难以组织，或者即使组织起来，行动也是很慢的，新君王在这些情况下要争取到他们，那实在是再容易不过了。

值得一提的是：在共和国的政治体制里，就有一种较为强劲的活力，这主要表现在复仇的欲念上，那里的民众一旦遭到凌辱，便会从心底里涌生复仇之念。他们不会也不可能忘记自己曾有过的自由生活的环境，每当回首那些日子，他们心中就不平静，就要找事端。所以对付这种国度的最好办法便是彻底摧毁它，或者征服者亲自到那里去。

第六章　论凭借自身的武力与才智而取得的新君王国

当我们一道来讨论全新的君王国的一切问题时，我不妨向大家提出有关君王和国家的一些重大的事例，请不要为此而惊诧。因为世人们几乎大都习惯于步人后尘，并且宁愿模仿前人的行为举止而行事，以此为安全可靠。尽管人们并非就是不折不扣地沿着前人或别人的足迹亦步亦趋；尽管人们模仿的程度所达到的效果也无法达到与之如出一辙的效果。然而作为一个追求卓越的明智者，总应当紧随他所崇拜的伟大人物的身后，并尽量地效法那些已经成为卓越的人物的行为举止，以至于即使他不能做到他所崇拜的人物那样轰轰烈烈，至少也能从他身上找到一些若隐若现的“闪光”点。他应该像具有深谋远虑的射箭手那样行事。作为一个善射的射手，其经验在于若要射中距离很远的目标，首先必须掌握弓力所能射到的最远靶位，他们所瞄准的目标，就要比实际要射击的目标高一些。聪明的射手大凡如此。这并不是想把自己的箭头射到所瞄准的靶位去，而是要靠着所瞄准的高出些许的靶位的帮助，以便射中自己实际所要的目标。

我敢下如此断言——在那些为新君王所统治的国度里（指新君王刚登基的时期），统治国家所要遇到的困难的程度，将取决于那些已征服这些领地的君王的能力的大小。由一个普通的庶民一跃而成为君王，这就是凭一个人的能力及幸运作为先决条件的，而在这二者当中的任何一者，都会使得原先的困难减轻几成，这已成为一种规律。可是，即使是能力较弱但机运极佳的人，也往往可以保持住自己地位的稳固性。如果那位君王手中尚无其他领地，那么他只有亲自居住到已经到手的仅有的占领地，才有利于维护其地位。

但是，也有一种凭自己超凡的能力而崛起的君王，也应值得人们注意。这种人当中最有代表性的人物莫过于摩西①、居鲁士②、罗慕路斯③、提修斯④以及诸如此类的人。他们的确都是些不简单的人。我们

---

① 摩西（Moise），基督教《圣经》中的希伯来先知。

② 居鲁士（Cyrus,？—公元前528年），古波斯帝国国王，阿契美尼德王朝的建立者，于公元前528年死于战场。

③ 罗慕路斯（Romulus，公元前735—前716年），传说是罗马的始建者与罗马的第一个皇帝。

④ 提修斯（Theseus），传说中的古希腊英雄，雅典王。

在此可以不必费太多笔墨去评论摩西，因为他毕竟仅仅是上帝托付事务的执行者。但是，我还是情不自禁地将《圣经》故事中摩西的形象介绍给大家——从他那些优美的品质和德行而使他有资格和上帝交谈这一点来分析，他就更有资格受到人们的赞誉。如果我们着力研究居鲁士以及别的曾经攻取领地并创建了王国的那些人，我们就会觉得他们都是值得人们钦佩和赞美的。我们细细分析一下他们各自的别具一格的行为乃至颁布的各种法令，我们又会发觉他们的做法与摩西的行迹并没有多大的出入，尽管摩西有上帝那样一位至高无上的伟大导师。当我们对这些人物的生活和行迹一一作过考察后便可得知：他们的成功除了机会以外，并没有从命运的圈子内得到任何的恩宠。这些机会赐他们以物力，使他们能从此塑造出自己所满意的形象或形式。倘若没有机会，他们即使有极为高超的能力，也只能是被白白地折腾掉。反过来说，倘若他们不具备高人一筹的能力，仅有机会也是枉然的。

因此，对于摩西来说，以色列人在埃及受埃及人压迫，他们当埃及人的奴隶是天经地义且合情入理之事，因为只有这样才能使他们从奴隶的状态中挣脱出来，从而下决心去追随他。

而罗慕路斯则必须迅速离开阿尔巴岛，甚至在他诞生的时候就应该被抛弃在荒野上，日后他才能成为建设罗马的奠基人和国王。居鲁士则不愧为居鲁士，他必须早先就发觉出波斯人对梅迪人（Medes）的不满，同时，也应注意梅迪人由于长时期地处于和平状态而变成为柔弱的人这一现象；至于提修斯，他倘若不曾遇到那些涣散的雅典人，那么，他也不可能淋漓尽致地发挥其卓凡的能力。所以，这是如上的这些机会给这几个人造福，使他们有了机会，同时也正是由于他们各自均具备了高超的个人勇气与才能，使他们能够抓住并利用赐给他们的机会，从而也使他们所统治的国家生机盎然，处处生辉。

那些依靠自己的能力、智慧而成为君王的人，在他们取得君王权力的道路上是要历经重重困难的，但他们所守持的权力及国家则比前者容易得多。他们成功之路上所遭遇到的困难，最显而易见的不外乎他们为了巩固地位并使国家健全，不得不策划制定与之相应的新规章、新制度。我们必须记住，在任何一种体制的国家中要推行一种新的制度，其难度均是要超过其他所有项目的。换句话说，再没有比此事的成败更飘忽不定，执行起来更没把握的了。这是因为革新者在行事时，他所面对的均是在旧秩序、旧势力中获取了利益，受了恩宠的保守派们，那些人会一跃都成为他的敌人，而尽管也有一些人拥护革新，但这些人所指望的则是想从中捞到好处，所以，这些人对于革新行动持三心二意态度。这种冷漠的态度之所以会产生，首先是由于他们对自己的外人心存恐惧感，因为他们的对手拥有有利于自身的法律；其次则是人类不容易轻信的天性心理造成的，人们对任何一种新事物都不敢轻易地相信，除非这事物已被无数的事实所验证。因此，每当机会到来、条件成熟时，那些敌人就会成党结帮地联起手来，向革新者发动进攻，而另一种所谓的“拥护者”则轻描淡写地予以防御，充其量还不如无精打采的偷懒者。所以，当新君王居于这二者之间时，其地位是危险的。

假如我们想透彻地探讨这个问题，那就必须研究这些革新者是依靠自己还是依靠他人。也就是说，为了实现其革新的宏伟蓝图，他们是采取恳求还是使用强迫的方法。依我们的分析判断，第一种的结果是失败的，并且永远不会取得什么成就。但是如果他们依靠自己并且能够采取强迫的方法，他们的危险性就极少。由此可见，所有武装者都获得胜利，而非武装者都失败。因为，除了上述理由之外，公民的性情是不稳定的；就某件事要说服别人是容易的，可是要他们对于说服的意见坚定不移，那就困难了。因此，当人们不再有信仰的时候，就只能依靠武力迫使他们就范。

假如摩西、居鲁士、提修斯和罗慕路斯不曾拿起武器，他们就不能够使人长时期地遵守他们的戒律，正如我们这个时代的季罗拉谟·萨沃纳罗拉修道士①的遭遇一样。当公众不再相信他的时候，他的政治生命就同他的新铺盖一起被捣毁了，因为他既没有办法使那些曾经信仰他的人对他坚定不移，也没有办法使那些不信仰他的人突发善心。大凡所有能被称之为伟大的人物，在他们走向成功的路上总要经历了大坎坷的，他们每做一件事或者每走一步路都要遇到危险，而要克服这些危险，则只能凭他们的勇气与才干。一旦度过这些困难，他们便自然而然在公民中树立起了受人崇敬和爱戴的形象了。他们坚决镇压了所有妒忌他们伟大品格的那些人之后，便成为势力强大的、地位稳固的君王。

讲了一大堆道理之后，我还想举一个比较通俗一点的例子，我希望的是从瀚海撷英之一例中，足以补充证明我如上观点的准确性。我要讲的是叙拉古的海罗（Hiero of Syracuse）②，他由庶人摇身一变而成了叙

① 季罗拉谟·萨沃纳罗拉修道士（Fra' Girolamo Savonarola，1452—1498年），佛罗伦萨宗教改革家。1475年为多米尼加会修道士，五年后在佛罗伦萨圣马尔科修道院传教，抨击当时教会和教士腐化堕落，主张改革和复兴宗教，并建立一个有效的共和政府。1491年萨沃纳罗拉成为圣马尔科院长，他那带有预言性的与谴责性的说教对佛罗伦萨政治影响与日俱增；1494年，自美第奇家族被驱逐出佛罗伦萨后，萨沃纳罗拉掌握了佛罗伦萨的支配权，主持制定1494年共和国宪法；到1497年为其全盛时期，但为教皇亚历山大四世所敌视，其势力骤然削弱；1498年作为异端者被捕，受火刑致死。

② 海罗，贵族，于公元前270年被推为叙拉古的君王。他起初支持迦泰基人，后来却与罗马人讲和，成为罗马人的同盟者。

拉古之王，除了机缘凑巧之外，从命运那里他并没有得到别的帮助；因为叙拉古人受了压迫，大家选举他做酋长。由于才干的出众，他爬上王位，便开始了一系列革新。据他的传记作者说，当他还是庶人的时候，就具备了为君王的一切能力了。他组成了一支新军队取代旧有的民军，他结识了一些新的朋友，同时抛弃了老朋友，他坚持己见地去选择盟友与兵士，他就能够在这个基础上稳稳地建立起自己的王位。尽管取得这个地位的时候他有过很大困难，可是维持这个地位却十分轻松。

第七章　论凭借他人之力
或因机运而获取的新君王国

那些仅仅凭借机运就从地位卑微的庶人一跃而成为君王的人，在发迹时所花的力气并不大，可是要维持这个王位就有很多困难。当发迹时，他们没有任何困难，因为他们正凌驾于困难之上。可是，他们一旦稳坐王位以后，困难便蜂拥而至。这类君王有的是凭借金钱换取国家，有的是靠他人的恩赐而获取某一国家。希腊的伊奥尼亚（Ionin）和赫兰斯班特（Helles Pont）等城市就发生过许多同类的事情。在这些城市中，波斯王大流士曾经确立过好些君王，其宗旨是让他们把守着这些城市，以便确保大流士王国的安全与荣耀。那些同凭借收买军队而从庶人跃登国王的宝座别无二致。

无论是凭借他人的恩赐的善意，还是依靠自己的机运而获取国家的王位，都是既不可靠，也不稳定的。他们既不懂得如何去保持而且也没有能力保持自己的君王地位。来自庶人的他们不具备卓越才智和能力；我们没有理由期望那些先前过着庶人生活的人真正懂得如何向人发号施令。我认为，一是因为他们缺乏拥有一支对自己友好的和乐于效忠的军队。二是仓促建立的国家，如同大自然中迅速滋长的野生植物一样，尽管叶茂，但根不深，一旦遇到一场狂风暴雨的袭击就可能被摧毁。

前面说过，那些突然一跃而成为君王的人，除非是天生就具备了做君王的才能，他们懂得如何做好准备保持由机运投来之物，并且为自己当君王打下坚实的基础。否则，他们的王运不会长久。

凭借自己的能力成为君王与凭借机运成为君王是截然不同的两种方式。对此，我用尚在我记忆中的两个例子来说明，这就是关于弗朗切斯科·斯福尔扎和切萨雷·博尔贾这两个人的事例。

弗朗切斯科通过适当的手段，凭借自己卓越的才能，从一个普通庶人跃登为米兰公爵。他费尽心机才取得这个显赫地位，守成也就可以不费吹灰之力。而那位被老百姓称为瓦伦蒂诺公爵的切萨雷却是凭借他父亲的权势而拥有那个国家的。可是，随着这种好运的消失，他的国家也就不复存在了。尽管他为了使自己能够在这个国家里扎根，采取了各种措施，做了凡是一个明智能干的人应做的一切事情。正如前面所述，因为这个国家是他人的武力和机运赐予的，所以他要付出巨大的代价来打基础。凡是在事先没有打好基础者，事后则可以运用巨大的力量去弥补，但是这对于建筑师来说简直就是一场灾难，因为没有基础或基础不牢的建筑物无论什么时候都是很危险的。所以如果考察一下瓦伦蒂诺公爵的全部历程，我们就会看到他曾经为了他的未来的权力奠定多么牢固的基础。我认为讨论这件事并不是多余的。因为我知道，对于一位新君王提供足资警戒的教训，没有比用公爵的行为作为事例更恰切的了。再说，如果他所采取的办法不能给他带来最后的胜利，这并不是他本人的过错，而是由于运气极端的异常造成的恶果。①

教皇亚历山大六世为了扩大他的儿子瓦伦蒂诺公爵的政权势力，遭遇到当时的和后来的重重干扰。其一，他想不出任何办法使他的儿子成为任何一个不受教皇管辖的国家的君王；他深知，米兰公爵和威尼斯人是不会同意他去夺取本来属于教皇管辖的领地的。因为法恩扎②和利米诺③都已经在威尼斯人强大势力的保护之下。其二，他知道意大利的军队，特别是本来可以供他调动的军队，全部落在那些害怕教皇势力扩大的人手里。这些人是奥尔西尼家族④和科伦纳家族⑤以及他们的追随者，因此他不能够依靠他们。所以，亚历山大六世有必要打乱当时这种秩序，并且使这些国家混乱不堪，以便让自己安稳地掌握这些国家的一部分地区。做这样一件事对他来说是容易不过的，因为他已经察觉到，威尼斯人受到其他原因的驱使，很愿意再度把法国人招回意大利，亚历山大六世不但不反对这样做，而且还帮助法王路易十二为了娶不列颠尼丽安为王后而解除了以前的婚姻关系的

---

① 此处指切萨雷·博尔贾当其父教皇亚历山大六世死时，本人正患病（1503 年）。

② 法恩扎（Faenza），意大利北部古城市。

③ 利米诺（Rimino），意大利古城市，今称里米尼。

④ 奥尔西尼（Orsini）家族，为切萨雷·博尔贾所雇佣。

⑤ 科伦纳（Colonna）家族，中世纪和文艺复兴时期罗马居统治地位的家族，在军界占有重要地位。

约束，以此促成了意大利人的希望。于是法王在威尼斯人的帮助和亚历山大教皇的同意下，长驱直入意大利。法王路易十二刚刚到达米兰，教皇为了征服罗马尼阿，向他借兵，而罗马尼阿正是慑于路易十二的威名，向教皇屈服的。

瓦伦蒂诺公爵在征服了罗马尼阿且打败科伦纳家族之后，期盼守成并努力向外扩张，可是，他却遇到双重障碍：其中一个方面，是他自己的军队对他是否忠心耿耿，很令他忧虑；而法国的意愿是另一方面，这就是说，他生怕自己迄今利用的奥尔西尼家族的军队不听他的调遣。这支军队不但可能阻碍他进一步扩张领土，甚至完全可能攫取他已经赢得的一切。此外他深恐法王也可能与前者是一丘之貉。当他征服了法恩扎进而攻打波洛尼亚的时候，他发现奥尔西尼家族对这次进攻毫无激情，于是，他对奥尔西尼有了一个答案。当他拿下乌尔比诺公国（duchy of Urbino）之后，进攻托斯卡纳的时候，法王极力干预此举。于是瓦伦蒂诺公爵就看透了国王的真正意图。从此以后，公爵决定再不依靠他人的武力，再不依靠机运了。

瓦伦蒂诺公爵所要做的头一件事，就是削弱奥尔西尼和科伦纳这两个家族在罗马的党羽的力量。为达到此目的，他笼络所有属于这两个家族的党羽的贵族政客们，分别给予重重的赏赐，使他们成为自己的贵族政客，并且按照他们的等级地位封他们荣任文武官职。这种方法果然奏效，这些贵族政客对原来党派的感情，在短短几个月间就如同烟消云散般荡然无存，最终都成了瓦伦蒂诺公爵的忠诚追随者。此后，公爵借助他们的力量把科伦纳家族的人们瓦解，更伺机消灭了奥尔西尼家族。这个机会果然来得及时。他很好地利用了它。因为奥尔西尼后来（虽然为时已晚）终于察觉到：公爵和教会的势力日益强大，就意味着自己的灭亡。于是在佩鲁金诺地区的马金奥纳村召开了一次会议①。会后，乌尔比诺和罗马尼阿地区发生叛乱和骚动，给公爵带来无法想象的危险。然而，所有这一切危险，在法国的帮助下他都一一克服了。公爵在恢复了他的声威之后，既不愿依赖法国，也不愿凭借其他外力，以避免陷入与他们结盟而出现新的危险之中，因此他便诉诸诡计。他深深懂得如何去掩饰自己的意图，他不惜重金笼络保罗·奥尔西尼②，用了赏以服饰和骏马等最卑恭的礼貌来消除他的猜疑。于是，他通过保罗的斡旋，促使奥尔西尼的党羽政客纷纷同自己和好，更因为奥尔西尼人的轻信而在西尼加利亚落入公爵掌中后被无情地绞死。公爵翦灭了这些首领并且使其党羽变成自己的朋友，这就给自己的权力打下坚实的基础。他不仅占据了罗马尼阿全境和乌尔比诺公国，还赢得罗马尼阿人的友谊，赢得所有这些公民的支持，因为人们已经感受到瓦伦蒂诺公爵统治下的幸福生活的甜头。

瓦伦蒂诺为征服罗马尼阿所做的如上三件事，很值得人们仿效，所以我想不应该避而不谈。在公爵征服罗马尼阿之前，罗马尼阿始终处在那些孱弱的首领们的统治之下。这些首领，与其说是在统治庶人，倒不如说是掠夺庶人。就是这些首领屡屡制造出事端，使庶人分崩离析，以致这个地方盗贼猖獗、战事不断，各式各样的横行霸道的事屡见不鲜。瓦伦蒂诺公爵取得此地后，为了使当地恢复安宁并服从

---

① 1502年10月9日举行的会议，由奥尔尼西家族、波罗那的本迪沃利奥家族以及其他受到切萨雷·博尔贾的野心威胁的势力，结成了反博尔贾联盟。

② 保罗·奥尔西尼，是奥尔尼家族的头目之一，拥有军事力量。于1502年被切萨雷·博尔贾杀害。

他的统治，便极力主张给他们建立一个好的政府。于是他选拔了一个冷酷而机敏的人物雷米罗·德·奥尔柯（Remirro de Orco）①，并授予治理全权。这个人在短时期内恢复了罗马尼阿的安宁与统一，取得了极大成功，并因此获得极高的声誉。可是，事后不久，公爵认为这种施威长久下去必然会引起公民对他的仇恨。于是，他在这个地区的中心设立了一个民事法庭（Iudicio civile）②，委任了一名最优秀的庭长；为保险起见，他又在罗马尼阿的每一个城市都安插了自己的辩护人。因为他知道，过去的严酷已经引起人们对他怀有某种程度的仇恨。为此，他要祛除人们心中的忌恨，把他们全部争取过来。他想要表明：过去发生的任何残忍行为，那并不是由他发动的，而是来自他的天性刻薄的大臣。他把握了一个有利时机，判处奥尔柯死刑，并将其尸体斫为两段，在某日的早晨，曝尸于切塞纳的广场上③，尸体旁放着一块木头和一把血淋淋的刀子。这种凶残的场面，使得人们在惊讶恐惧的状态中感到痛快淋漓的满足。

言归正传，回到我们刚开始的地方吧！我说，当时公爵觉得自己十分强有力，他按照自己的方法武装起自己的军队，而且在某种程度上已经有几分把握让自己避免当前的危险；加之，他把邻近可能侵犯自己的武装力量一一摧毁了。如果他想继续进行扩张，他唯一要考虑的真正对手就是法王。尽管法王察觉自己犯了让公爵势力壮大的错误为时已晚，但公爵深知法王再不会支援他了。因此，公爵开始寻求新的盟友。当法

---

① 原为切萨雷·博尔贾的军官，1501年被派往罗马尼阿代理博尔贾统治。1502年被处决。

② 民事法庭建立于1502年，由平民的法律家组成，是与军事法庭相对峙的民事法庭。

③ 作为佛罗伦萨的使者，马基雅维利对处决的做法持肯定态度。

国出兵那不勒斯王国，借以围攻加塔（Gaeta）的西班牙人的时候，瓦伦蒂诺公爵采取闪烁其词的手段敷衍法国。他的意图就是保住自己的安全以免法国成为后患。而要做到这一点，如果教皇亚历山大六世在世，的确是不成问题的。

就当前的形势而论，公爵所采取的就是这些措施。但至于将来，他又要估计教皇宝座的新继承人可能对他的不友好，而且可能企图夺回亚历山大教皇给了他的种种权益，为此，他不能不忧心忡忡。为了避免事态的恶化，他深思熟虑出应采取的四条办法。一是把那些他废黜的统治者的家族之后裔斩尽杀绝，借以使教皇无力东山再起，无力搞阴谋复辟。二是如上所述，把罗马的贵族全部争取到自己一边，以便得到他们的帮助钳制教皇。三是尽可能在枢机主教团[①]当中下功夫，以使他们更加倾向自己。四是趁着教皇亚历山大六世未死的时候取得更大的统治权，以便能够依靠自己的势力抵御最初的进攻。在这四件事情当中，当亚历山大教皇去世时，瓦伦蒂诺公爵完成了三件事；第四件事也差不多完成，因为对于那些被废黜的统治者，只要他能够杀多少就杀了多少，那些能逃出他的手掌的人只有极少数。同时罗马的贵族也被他争取过来，枢机主教团里面多数人成了他的支持者。至于进行新的扩张方面，他决计占有托斯卡纳。他占领了佩鲁贾和比奥姆毕诺（Piombino），把比萨置于自己的保护之下。当时法兰西人已被西班牙人驱逐出那不勒斯王国，他就无需再顾虑法国的势力给他构成的威胁了。如今法国和西班牙当中的任何一方都不得不向他讨好。他就立即攻取了比萨。继此之后，卢加（Lucca）和锡耶纳（Siena）都

① 教皇是由枢机主教团选举的。

纷纷缴械投降。这主要原因或许是他们佛罗伦萨人不抱任何的补救的幻想。如果他的这些计划实现了，他就能够凭借自己的力量和能力获取巨大的权力和声望，而不再需要凭借他人的武力和机运以求得自立。

但是教皇亚历山大死了。那是在公爵开始拔剑之后的第五年，他给公爵留下了罗马尼阿这个国家，一个非常巩固的邦基。但是，处在两个强大的敌军之间，一切都是没有定数的，也是变幻无常的，而且公爵自己已经病入膏肓。①

可是公爵勇气超人，精力充沛，才智出众，并且深知：运用怎样的手腕能够把公民争取过来以及丧失人心必然导致毁灭，他在相当短的时期内所建立的政权基础又是那样巩固。假如当初他没有受到法国军队和西班牙军队在他背后的袭击，或者他身体十分健康，那么他是能够克服任何困难的。我们说，他的基础是牢固的，这一点可以通过下列事实作明证：罗曼那人平心静气地等候他达一个多月；在罗马，他虽然受困于半生半死的状态，可是他的地位仍然是固若金汤，稳如泰山。巴利奥尼（Baglioni）② 人、尼柯洛·威得利（Niccolo Vitelli）③ 人和奥尔西尼人虽然进入罗马，可是他们组织不到任何追随者反对公爵。如果说公爵没有让他中意的人成为教皇，但他至少有能力阻止任何一个他不喜欢的人被选为教皇。倘若在亚历山大教皇死时公爵不曾患病，那么，一切事情

---

① 教皇亚历山大六世在1498年给其子切萨雷·博尔贯授以要职。其后博尔贯在酒中放毒，致使亚历山大和博贯尔自己误饮。亚历山大死于1503年，博尔贯重病。

② 15世纪比鲁基亚境内的统治家族的姓。

③ 一个雇佣兵队长的家族的姓。

都迎刃而解。在尤利乌二世当选教皇[①]的一天，公爵告诉我说，他事先已经预感到他的父亲死时可能发生的一切事变，并且事前做好了周密而万无一失的应变对策，唯独不曾意料到的是他父亲死时他自己竟然业已迫近死神。

我重新审视公爵的一切行动时，竟然找不到他身上任何一点可以非难之处。恰恰相反，我觉得应当像在上面所做过的一样，让公爵树立雕像，作为那些由于机运或者凭借他人的武力而获取君王权的一切人仿效的榜样。因为他天生具有一往无前的勇气和崇高的目标，他只能采取这种行动，舍此别无他途。唯一令人感到遗憾的是因为亚历山大六世的短命和公爵本人的患病，才使他的宏图大志终成泡影。所以，无论对什么人来说，为了确保他的新建立的国家领土安全，免遭敌人侵犯，就有必要争取朋友的支持；有必要凭借武力或者巧施计谋以求制胜；有必要让人人对自己又爱戴又畏惧；有必要让军队既服从又尊敬；有必要把那些可能或者势必加害自己的人消灭掉；有必要采用新的办法对旧制度进行全面革新；有必要做到既威风凛凛又忠厚仁慈，既宽宏大量又慷慨乐施；有必要摧毁不忠诚的军队，创建新的军队；有必要同各国君王们保持友善，使他们不得不殷惠勤勉地帮助自己，或者诚惶诚恐不敢得罪自己。能够做到这一切，非瓦伦蒂诺公爵莫属。所以我再也找不到比瓦伦蒂诺公爵更值得人们仿效的例子了。

如果说，我们要找出可以用来责难公爵的，那就唯有选举尤利乌当教皇这一件事情。他做出的这个选择十分错误。如前所述，他本来能够

① 1503年亚历山大六世死后，另选尤利乌二世继任。

阻止任何人当选为教皇，他如果不能够选举一个使自己称心满意的教皇，他也绝不应该同意选举任何一个自己已经得罪的枢机主教当教皇，或者选举任何一个当上了教皇就会害怕自己的枢机主教来担任教皇。因为公民们无论出于恐惧还是出于仇恨都不会拥护这样的教皇。在公爵曾经所开罪的人们当中，有圣·皮耶罗·阿德·文库拉（San Piero Ad Vincula）[①]、乔瓦尼·科隆纳（Giovanni Colonna）[②]、圣·乔治（San Giorgio）[③]和阿斯卡尼奥（Ascanio）[④]等主教，这些枢机主教如果被选为教皇，则无一不会害怕公爵。而卢阿诺和西班牙人[⑤]却不见得会害怕他。西班牙人是由于他们的同盟关系和对他负有义务，卢阿诺则由于自己同法兰西王国的关系，才能大权在握，所以都是个例外。有鉴于此，公爵本来应该选择一个西班牙人当教皇[⑥]。如果这一点办不到，他就应该赞同选举卢阿诺，而不是选举圣·皮耶罗·阿德·文库拉。如果任何人认为只要施以新的恩惠就会使一个大人物忘却旧日对他的伤害，他就是自欺欺人。正因为公爵在这次教皇的选举中犯了错误，所以他终于招致灭亡的悲剧。[⑦]

---

① 枢机主教，按习惯以其任职的教会堂区的命名；1503年当选教皇后，称尤利乌二世。

② 枢机主教。

③ 枢机主教，即拉斐勒·利亚里奥（Raffaelle Riario），其命名同前。

④ 即阿尔卡尼奥·斯福尔扎（Ascanio Sforza），枢机主教。

⑤ 特指西班牙的枢机主教。

⑥ 教皇是由枢机教团选举的；博尔贾虽然无权选举，但是他可以施加影响。

⑦ 关于此一结论，一些现代意大利学者认为不符合事实。读者可以参考有关史实。

第八章
论以邪恶手段获得君王权位者

从地位卑微的庶人跃登为君王的方式还有另外两种——这两种方式都不能够完全归诸机运或者能力，因此我觉得对于这二者不应该略而不谈，况且其中一种方式，当我论述共和国的时候还需要更详尽地加以讨论。[①] 这两种方式就是：一个人凭借某种邪恶和卑鄙的手段登上统治地位；或者一个庶人凭借他的同胞们的帮助，一跃而为该国的君王。在讨论第一种方式的时候，我将举两个例子作为说明：一个是古代的，另一个是现代的。我认为，对于那些必须仿效他们的人来说，这两个例子就足够了，而无须更进一步探讨这种方式的是与非、功与过、直与曲。

西西里人阿加托克雷斯（Agathocles）[②] 不仅是从庶人的地位，而且是从下等卑贱的地位崛起，成为锡拉库萨国王的。这个人本是一个陶工的儿子，在他一生的各个时期，他的所作所为都离不开邪恶。奇怪的是

---

① 关于共和国的问题，马基雅维利在《李维史论》中有所论述，可参阅。

② 阿加托克雷斯，西西里人，锡拉库萨的暴君（在位：公元前 316 年—前 304 年），后成为希腊西西里国王（在位：公元前 304 年—前 289 年）；公元前 310 年出征非洲获胜；后回归西西里，完成其专制的统治，开始入侵意大利。

他的邪恶行径同时在身心两方面都具有巨大的力量，以致他投身军界之后逐级往上爬，最后被擢升为锡拉库萨地方执政官。当他受命担任这个职位的时候，他不知足，而满怀信心要登上君王的宝座。他并不看重别人的帮助而给他的一切，他极力地谋划凭借暴力来达到目的。[①] 为此，他使正率领军队在西西里作战的迦泰基人汉米尔卡（Hamilcar）[②] 对他这个计划有所理解。在一个早上，他召集了锡拉库萨的民众和元老院成员来开会，名曰要同他们商讨关于共和国国是，可是在发出一个约定的信号的时候，就令他的士兵把元老院全体元老和最富有的人全部杀掉。就这样，他在没有遇到市民的任何反抗的情况下，轻而易举地夺得并且继续保有了这个城市的政权。后来，虽然他被迦泰基人打败了两次，该城市最后被围攻，可是他不但能够保卫他的城市，而且除了留下一部分人马从事抵御围城之外，将其余兵力派去攻打非洲。这样一来，他在短期内就解除了锡拉库萨之围，并且使迦泰基人陷入极端窘境，被迫同阿加托克雷斯讲和。迦泰基人占有非洲就心满意足了，于是把西西里拱手让给了阿加托克雷斯。

无论任何人考察阿加托克雷斯这个人的行动与生涯时，就会察觉到他毫无或者很少可归功于机运之处。因为，如上所说，他取得了君权并不是凭借他人的恩赐，而是经历无数的艰难险阻，在军队中逐级提升得来的；其后他继续把守这个君王地位，则是有赖于许多勇敢的冒着风险的决策。但是，屠杀市民，出卖朋友，背信弃义，毫无恻隐之心，没有宗教信仰，所有这一些都是不能够称作他是有能力[③]的。凭借这样的手

---

① 取得元老院和民众的同意他就能够成为君王，但是他不愿对他们承担义务。

② 公元前5世纪迦泰基将领，远征西西里，战败于哥隆。

③ “能力”的含义包括道义上的优越性和美德。

段固然可以赢得统治权，但是却不能赢得荣誉。话说回来，如果我们将阿加托克雷斯出入危殆之境的能力和忍受困苦、克服困难的气概进行细致分析，我们就觉得没有任何理由认为他比任何一个最卓越的将领逊色。但是他野蛮残忍和缺乏人道，以及罄竹难书的恶劣行为，使他无缘跻身于大名鼎鼎的最杰出的人物之列。因此，我们就不能够把他的成就归诸机运或者才能，他是根本不曾借此二者去夺取王权的。

在我们的时代里，教皇亚历山大六世在位期间，费尔摩市民奥利韦罗托[①]幼年时是一个没有双亲的孤儿，他的舅父乔瓦尼·福利阿尼（Giovanni Fogliani）抚养了他。童年的时代，舅父就把他送到保罗·维泰利（Paolo Vitelli）[②] 部下当兵，希望他在保罗·维泰利的训练下，能够在军界里干出一番卓有成效的事业来。保罗死后，他又转至保罗的兄弟威泰洛佐（Vittellozo Vittelli）[③] 部队从军。因为他的机智和身强胆壮，所以他在极短的时间内就成为威泰洛佐军队中的举足轻重的人物。但是他觉得在他人底下服役是卑贱的事情，于是下定决心，借助费尔摩某些市民的援助（这些市民认为奴役胜过他们国家的自由）和威泰洛佐的帮助，要占领费尔摩城。因此他写信给乔瓦尼·福利阿尼，谎称因为离乡背井已经多年，自己希望回去探望他和故乡，并且尽可能地看看自己的祖业云云；他又说，他如此辛苦地孜孜以求的，除了荣誉之外再没有别的东西了。为了使他的市民同胞知道他并没有虚度光阴，他希望由他的朋友和侍从组成一百名骑兵伴送荣归故里，他请求他的舅父安排比较

① 奥利韦罗托（Oliveroto of Fermo），1502 年在西尼加利亚被切萨雷·博尔贾杀害。

② 在对比萨的战争中任佛罗伦萨的雇佣军将领，后因涉有背叛嫌疑被捕，1499 年 10 月在佛罗伦萨被处决。

③ 1502 年在西尼加利亚被切萨雷·博尔贾杀害。

体面的欢迎场面，使他受到费尔摩市民盛情的接待。乔瓦尼十分乐意为自己的外甥效犬马之劳，他认为，这不仅是奥利韦罗托的荣耀，也是苦心栽培过他的自己的荣耀。因为奥利韦罗托是乔瓦尼养育的孩子。

因此，乔瓦尼不折不扣地尽一切好客之礼来招待他的外甥，使他受到费尔摩市的人们极为热情和荣耀的接待，并被邀到家里下榻。奥利韦罗托在那里过了几天，并秘密地为自己将来的罪恶阴谋做好了精心安排。之后，他举行一个盛大的宴会，邀请了乔瓦尼·福利阿尼和费尔摩市的一些首要人物出席。吃过酒肴以及这种宴会所常有的娱乐节目完毕之后，奥利韦罗托装模作样开始发表某种重要讲话，极力赞扬教皇亚历山大和他的儿子切萨雷的伟大，夸耀他们的丰功伟业。对于他的这个海阔天空的讲话，乔瓦尼和其他的人都作了奉承性的回答。之后，奥利韦罗托立刻站起来，说这些事情应当在较为秘密的地方进行讨论。于是他自己退入房间里去，乔瓦尼和所有其他的人当然毫不怠慢，也都跟随他进去了。他们刚要坐下来，奥利韦罗托的士兵们突然从密藏的地方涌上来，把乔瓦尼和费尔摩那些首要人物统统杀了。这次谋杀之后，奥利韦罗托就跨上马背，在市里耀武扬威起来。宫廷中的最高长官被围困在宫中，万分惊骇恐惧，对奥利韦罗托不得不百依百顺、唯命是从，并且承认奥利韦罗托当君王的政府。他把所有那些心怀不满可能加害于他的人们全部置于死地，同时颁布关于民政和军政等各项新的法令来巩固自己的地位。这样一来，他在攫取费尔摩城市的一年中，不但能坐成王位，而且威慑所有的邻邦。但是，如上所述，切萨雷·博尔贾在西尼加利亚征服了奥尔西尼和维泰利的人们的时候，如果奥利韦罗托没有上博尔贾的当，他的灭亡就会像阿加托克雷斯的灭亡一样困难。因此，在奥利韦罗托杀亲以后一年，他本人连同他在善恶方面拜作老师的威泰洛佐一道被绞死了。

或许有些人感到奇怪：为什么阿加托克雷斯和某些像他一类的人们，为人无比奸诈、残暴，他们掌握国家政权后却能够长时期地在他们本国安全地生活下去且能够保卫自己不受外敌的侵害，而且他本国的公民也从没有阴谋反对他们？而与此相反，许多人因为拒绝残暴的缘故，即使在和平时期也不能够保有他们的国家，更不用说在胜败未卜的战争时期了。我认为，这是由于妥善地使用或者恶劣地使用残暴手段所造成的不同的效果。如果可以把坏事称为好事的话，妥善使用的意思就是说，为了自己安全的必要，可以偶尔使用残暴手段，除非它能为臣民谋利益，其后决不再使用。恶劣地使用的意思就是说，尽管开始使用残暴手段是寥寥可数的，可是其后有增无减，而不是日渐减少。采取上述第一种办法的人们，如同阿加托克雷斯那样，由于神与人的帮助，对于他们的地位会获得某种补益，至于采取另一种办法的人们却不可能自保。

综上所述，可以得出：占领者在夺取一个国家之后，必须清醒地将自己对公民所做过的暴行审度一下，并尽可能地采取必要的措施，防微杜渐，以使自己以后不需要每时每日重复暴行。这样一来，由于不需要一再从事侵害公民行为，他就能够重新使人们感到安全，并且可以通过施恩布惠的手段赢得他们的信赖；反之，如果一个人由于怯懦，或者因为对别有用心的人出的馊主意言听计从，那么他的手里就必须时时刻刻紧握刀剑，而且他永远不能够信赖他的老百姓。因为他持续不断地重复着这种暴行，老百姓自然不可能感到安全，老百姓也就不可能信赖他。所以说．恶行应该一次干完，以便老百姓少受一些损害，老百姓的积怨就少些；相反，恩惠应该是一点儿一点儿地赐予，以便百姓能够更好地品尝恩惠的个中滋味。

总之，君王最重要的一件事就是应该在民众当中生活，与民众和睦相处，无论发生什么意外事件——不论是好的或者坏的，都不轻易迫使自己改弦易辙，因为如果这种变革的必要性是在不利时期发生的，这时你再采取严酷手段就为时太晚，而你做好事也并不意味着对自己有利，因为人们会认为这一切都是你被逼上梁山式的所为，你是不会因此得到任何感谢的。

第三篇

国民与教会政治

第九章 论市民君王国

本章所研究的是另一种情形：如果一个普通的市民，不是凭借罪恶之道或者背信弃义的凶暴行为，而是由于受到本土市民的热烈拥戴而成为本国的君王，由这种情形而建立的国家可以称之为市民君王国。一个人要取得这种地位，既不完全依靠能力，也不完全依靠机运，需要的倒是一种幸运的机灵。我认为，取得这种市民君王国的情况，不外乎有两种，要么深受民众的爱戴，要么得到贵族的拥护。因为在任何一个城市里，我们都可以找到两个互相对立的党派：一方面，民众渴望摆脱贵族统治与压迫；另一方面，贵族则要求统治与压迫民众。由于这两种相反的愿望的反差对比，于是就产生下述三种结果：一是成立一个绝对政府，即所谓君王权（principato）；二是完全自由化，即所谓自主权（libertà）；三是法纪紊乱，即无政府状态（licenzia）。君王政体，不是由民众建立，就是由贵族建立，这要看在这两方当中哪一方获有机会。贵族看见自己不能够抗拒民众的时候，就联合起来抬高自己当中某一个人的声望，推选他当上君王，以便他们在这个君王的荫庇下能够实现自己的愿望。另一方面，民众察觉自己不能够抵抗贵族统治和压迫的时候，也会努力地抬高自己当中某一个人的声望，拥他做君王，以便能够凭借他的权力而受到保护。一个人依靠贵族的帮助而获得君王权，比依靠民众的帮助而获得君王权更难于继续保持其地位。君王发觉自己周围有许多人自以为同他可以论资排辈时，就不能够按照自己的意思随意指挥他们或者惩罚他们。

但是倘若一个人是因为民众的爱戴而获得国家君王权，他就感觉自己是有足够资本而不可一世，在“唯我独尊”周围，很少有人不服从自己。除此之外，倘若一个君王公平处理事情而不损害他人，那就不能够满足贵族的欲望，但是却能够使民众感到满足。因为民众的目的比贵族的目的来得公正。前者只是希望自己不受压迫而已，而后者却念念不忘对他人实行压迫。反过来说，如果民众对他不满，君工是永远得不到安全的，因为民众为数众多；另一方面，君王能够使自己完全地对付贵族，因为贵族人数甚少。君王若和民众对立，那么可以预料到那些敌对的民众干出最坏的事情，甚至他们将来把君王抛弃了。但是，对于那些敌对的贵族，君王不仅害怕他们抛弃自己，还害怕他们会起来反对自己。因为贵族在这些事情上比民众看得更深远而且更敏锐，常常能够及时使自己逃避厄运，而且从他们所预期的将会赢得胜利的一方取得帮助。此外，君王总是不得不和民众在一起生活。但是，即使没有贵族，君王也能够过得很好，因为他能够随时设立或者废黜贵族，并且能够随心所欲给予或者剥夺他们的地位。

为了更加详尽地探讨上述的这件事情，我认为对于贵族应该主要从下述两种方式着眼进行考察：他们支配自己行动的方式使他们自己要么完全依靠机运，要么不依靠机运。对于那些懂得约束自己而不贪婪的人们，你应该给以尊敬并加以爱护；而对于不懂得约束自己的人们，你可以着眼于下述两种方式来区别对待。这就是说，他们之所以这样做，可能是因为胆怯或者天生缺乏勇气。遇到这种情况，你应该利用他们，特别是利用那些能够善意地为你提出建设性意见的人们。一旦达到这种默契，当你鸿运当头的时候，他们会为你高兴；而当你遭遇厄运的时候，你却无需畏惧他们。但是，如果他们是为了野心勃勃的目的，故意疏远你，就足以证明他们为自己的利益着想比替你着想得更多。君王就应该重点防范这类人，并且把他们当作公开的敌人。君王应该时刻提醒自己，一旦遭遇逆境时，往往是这些人出来反叛你，并加速你的灭亡。

因此，如果一个人由于民众的拥戴而成为君王，他应该同民众保持友好关系，因为他们所要求的只是免于受压迫。君王要做到这一点是易如反掌的事。但是，如果一个人凭借贵族的拥护而成为君王，他应该做的头一件事就是想方设法争取得到民众的支持。如果他能把民众置于自己保护之下，他的地位就随之稳固了。因为民众原来预料要受到君王的损害，而现在从他那里得到了好处，他们对自己的恩人一定更加感激。并因此对他充满的好感，胜过那些拥护他登上王位的人。君王要赢得民众的好感有许多方法。这些方法因时因地而变，没有既成的规矩可循，我们也无法制定一成不变的法规。在此略去不谈了。我只是断言：君王必须从本国的民众那里获得好感和支持，否则他一旦遭遇逆境，就再也找不到任何补救的办法了。

斯巴达国王纳比得（Nabide）①，抵御了庞大的希腊军队和一支罗马常胜军的围攻，保卫了他的国家，保护了自己的地位不受他人侵害。当危难降临他头上的时候，他只需要将可能会制造伤害的少数人控制起来即可；但是如果广大民众同他敌对，仅仅做这点事就远远不够了。对于我的这条见解，谁都不要拿一句陈腐的谚语“以人民为基础，譬如在

① 斯巴达国王纳比得，以贪婪、酷虐著名，后被罗马军暗杀。

泥沙上建筑房屋”来进行反驳。应该承认：如果一位平民把他的基础建立在民众之上，并且深信当自己受敌人或者官吏压迫的时候人民将会解救自己，那么这句谚语是一语中的。在这种情况下，如同罗马的格拉奇兄弟[①]和佛罗伦萨的乔治·斯卡利[②]的遭遇一样，他往往发现自己上当受骗了。但是，如果把基础建立在人民之上的人是一位君王，而且他善于指挥，那么他是一个勇敢的人，一个处逆境而不沮丧的人，他从不忽视其他的防范措施，并且以其精神、意志与制度、措施激励全体民众，像这样的人是永远不会被人民背弃的，事实将会表明他已经把基础打得相当牢固。

这种市民君王国从平民政治转向专制政治的时候，往往遭遇种种危险状态。因为，这时君王不是由自己亲自指挥，就是通过官吏进行指挥。后一种情形说明，君王的地位完全是软弱无力，而且也是非常危险的。因为他们完全凭借着那些居高临下的人的意志；这些人尤其在危难时期，不是采取行动公然反对君王，就是拒不服从君王，直到篡权夺位。君王在危难中来不及行使绝对的权力，因为市民已经习惯于接受官吏的命令。他们在这种危难之际不会轻易服从君王的命令，况且在动荡不安之日，君王身边往往缺乏自己值得信赖的人。君王不能够以太平时期人们的信誓旦旦作为根据，因为在太平时期市民们对国家都有所寄

---

① 格拉奇（Cracchi），古罗马望族，以平民选出的有名的古罗马护民官两位兄弟的悲惨故事而出名。迪贝利乌斯（Tiberius，公元前 163 年—前 133 年）和森普朗尼乌斯（Sempronius，前 153—公元前 121）二人分别于公元前 133 年和前 121 年，在罗马贵族所挑起的反对他们的骚乱中被杀害；他们曾经采取一些有利于平民的措施，但似乎未获得民众的坚决支持。

② 乔治·斯卡利（Giorgio Scail），14 世纪佛罗伦萨下层民众领袖之一，于 1382 年 1 月 17 日被捕杀害。

托，那种时期的市民每一个人都为国家奔走，每个人都充满自信；当远离死亡之境的时候，他们纷纷表示准备为他而死；但是到了危难时期，当国家对市民有所需求的时候，也就是说需要他们报国的时候，能做到的人就寥寥无几。这种情况是极其危险的，它只能让一个君王经历一遭就再没有机会了。因此，一个英明的君王应该竭尽所能地用尽各种办法使他的市民在任何情形下对于国家和他个人都有所需求，有所寄托，让他们毫无二心地效忠于己。

第十章
如何评估所有君王国的力量

在着手研究这些君王国属性的时候，应该关注到另一点，也就是说，在困难的时候，一个君王是依靠自己的力量立于不败，还是说他常常需要他人力量的援助。为了更清楚地阐明这一点，我必须说明：如果由于人口众多或者财力充裕能够募集足够的军队同任何入侵者决战于疆场，他就是那种能够依靠自己的力量屹立不败的人。另一方面，我认为，如果没有能力同敌人决战于疆场，而只是一味地躲在城墙后面进行防御，他就是常常需要他人力量援助的人。关于第一种情况，前面讨论过，但是以后遇有机会，我们还需要再谈一谈。关于第二种情况，我只有鼓励这种君王为自己的城市森严壁垒、备足粮草，对于乡村则不要有任何顾虑。除此以外，我再没有什么话可说的。任何君王如果给他的城市做好了城防工事，如果他和民众的相处十分融洽（这个问题在以后我还要谈及），那么任何的敌对势力都不敢贸然地来进攻他。因为君王已经给他的城市做好了城防工事，同时他的民众又不仇恨他，如要进攻这样一位君王，可以预见这只能令进攻者自讨苦吃。

德意志的那些城市是享有完全自由的，他们的农地很少，他们认为合适的时候就服从皇帝。但是他们既不害怕皇帝，也不害怕在他们邻近的其他任何列强，因为他们做好了城防工事，无论谁若要攻陷这种城市定将旷日持久，困难重重。所有这些城市都筑有相当坚固的壕沟与城垣，配备大量的大炮，在国家仓库里经常储备足供一年之需的粮食和其他必需品。除此之外，为了让老百姓得到温饱，同时让国家丝毫无损，他们总是有办法在一年中让老百姓可以在关系该城市命脉的劳动中和供给老百姓衣食的行业中踏踏实实地工作。而且，他们还十分重视军事训练，并制定许多保持军事训练正常进行的规章制度。

因此，君王如果拥有固若金汤的城市，又没有积怨结恨于本国人民，他就不至于受到攻击。如果有人进行攻击，定将狼狈不堪地被驱逐出去。因为这个世界的任何事情是如此的千变万化，难以捉摸，要使军队无所事事地围城扎营整整一年，那简直是不可思议的事，甚至可以说是滑天下之大稽。也许有人要说，如果民众在城市外边有财产，现在眼看着它被焚烧了，他们将忍耐不住，而且一旦被长期围困，所产生要夺回产业的欲望将远远地超过了对君王的忠诚和爱戴。对此，我回答说：作为一个无愧于人民的勇敢坚强的国王，他应在这种关头在民众中增强凝聚力，让民众感觉到只要有君王在，相信祸患不会长久下去；另一方面又要使他们对于敌人的残酷感到恐惧，同时把自己认为过于莽撞的人们巧妙地控制起来：这样一来，君王总是能够克服上述一切困难的。更进一步说，当敌人到来的时候，如果士气依然旺盛如初，并且决心进行抵抗，敌人定会立即焚烧或者破坏城市周围的地方，那时城里的民众会同仇敌忾，保卫城市的情绪也随之高涨。因此，此时的君王更不应该犹豫不决，因为事情过后，士气就会消沉，损失就会产生，灾害就会临头，到那时就再没有什么挽救之道了。所以现在民众会更加下定决心同君王团结起来，因为在他进行抵抗的时候，他们的房屋被烧掉了，他们的财产被毁灭了。君王显然不能不对人民负有责任。

事实上，施恩与受恩的出发点迥然不同，但二者都有一个共同的特点，即让人们产生义务感，这就是人之天性。因此，如果全面而详尽地考虑所有这一切，我们就可以得出答案：任何一位英明谨慎的君王，只要他准备足够的粮食，拥有强有力的防卫措施，即使自始至终遭受敌人的围困，他也能毫无困难地坚定他的公民意志。

第十一章　论教会君王国

本章重点探讨的，是教会管辖之下的君王国。若要建立教会君王国，其全部困难来自建立这种国家之前。建立这种国家，要么是凭借能力，要么是凭借机运，但要把守这种国家却不是凭借能力或凭借机运。

因为这种国家是受着宗教上的古老的制度维持的，而这种宗教制度十分强有力。它具有这样一种特征：它无须过问宗教君王国的国君到底是怎样行事和生活的。因此，这些君王自己拥有国家而不需采取防御措施，他拥有了臣民而不需加以治理。尽管如此，宗教国家虽然没有防卫，却不会被外来势力夺取；宗教国臣民虽然没有受到治理，却没有必要采取防御措施，因为他们既没有意愿也没有能力背弃君王。所以说，只有这样的君王国才称得上是安宁和稳定的。

话说回来，因为这种国家是依靠智力所不能达到的更高的力量支持的，我在此毋庸谈论了；因为这种国家显然是由上帝所树立，也是由上帝所把守着，如果轻易地对它加以评论，就是僭妄、冒失、愚蠢的行为。

既然如此，那么我相信一定有人会问我：是什么原因使得罗马教会现在取得了这样大的世俗权力？从教皇亚历山大时代上溯，意大利的掌权者[1]——不仅被称为君王的人们，甚至虽然是小小的男爵和主子，向来都轻视教会在世俗权益上的权力，可是当今教会的世俗权力却让法国的一个国王胆战心惊。这是因为仅仅凭借教会就能够把一个法王驱逐出意大利，其势力甚至可以摧毁整个威尼斯城。这究竟是什么原因呢？教会如此般的世俗权势是从何而来呢？可能有人产生疑问。尽管事情很简单，但是我觉得重新唤起人们回忆一下是有益的。

在法兰西王查理入侵意大利[2]之前，这个地区是完全受到包括教皇、威尼斯人、那不勒斯国王、米兰公爵和佛罗伦萨人等在内的统治的。这些掌权者最热切关注的，也是最煞费苦心的主要是两件事：一是

---

① 此处指佛罗伦萨、威尼斯、米兰、那不勒斯、锡耶纳等国的当权者。

② 1494 年法王查理八世的进入，揭开了意大利历史上外敌入侵的序幕。

不允许世界上任何一个外国人武装侵入意大利；另一件是不允许他们当中的任何一个在现有领土的基础上进行扩张。这些掌权者最注意提防教皇和威尼斯人。正如当时为了保卫费拉拉所做的一样，为了抑制威尼斯人，各国必须结成统一的联军共同作战[①]。为着遏制教皇，他们就利用罗马的王公贵族们，巧妙周旋，将罗马的贵族分裂成为奥尔西尼和科伦尼斯两派，这样，两个派别彼此之间经常发生摩擦，而且手里拿着武器站在教皇跟前随意比划，使得教皇自己都感到软弱无力，魂不守舍。虽然有时也可能出现一个像西柯斯托斯（Sirtus IV）[②] 那样果敢英勇的教皇，但是无论机运或才识都不能够使他摆脱这种窘境，解除眼前的困厄。最根本的原因是教皇生命太短促[③]。我们知道，一个教皇在位期间平均十年，在这十年当中，他很难把这些党派当中的任何一派镇压下去。比如说，一个教皇几乎将把柯伦尼斯这一派整垮，而另一个教皇继位后却与奥尔西尼这一派为敌，又不得不使柯伦尼斯派得以复兴，与此同时，他就难以抽出精力和时间搞垮奥尔西尼这一派。这就是教皇的世俗权力在意大利不为人所重视的根本原因所在。

后来，亚历山大六世登上了教皇宝位。在历代教皇当中，他是一个

---

① 1508 年，法国、西班牙、教会（尤利乌二世）和费拉拉等国家组成了统一联盟，共同对付威尼斯的扩张，并剥夺威尼斯的大陆领地。

② 西柯斯托斯（在位：1471—1484 年），原名弗朗切斯科·德拉·罗韦雷，在位时，竭力使教皇辖地成为武装强大的领地，并为此目的任命他的私生子为代理人。

③ 事实上，教皇西柯斯四世活了 67 岁，在位 13 年（1471—1484 年）；英诺森八世活了 60 岁（1432—1492 年），在位 8 年（1484—1492）；亚历山大六世活了 72 岁（1443—1513 年）在位 11 年（1492—1503 年）；尤利乌二世活了 70 岁（1443—1513 年），在位 10 年（1503—1513 年）。可见，“生命太短促”是针对教皇在位期间来说的。

懂得使用金钱与武力两者才能够得势的教皇中的最佳代表：他利用瓦伦蒂诺公爵作为工具，并且凭借法兰西入侵意大利的机会，完成了我在上面论述公爵行动的时候已经谈论过的各种事情。尽管他的本来意图不是为了壮大教会的势力，而是为了壮大公爵的势力，但是他这样做，其结果是壮大了教会的势力，因为在他去世和公爵灭亡之后，教会就成为他的劳动成果的继承人。

后来，尤利乌继位。他察觉教会是强有力的，因为它已占领罗马尼阿全境，罗马的王公贵族被镇压了，那些党派在亚历山大的打击下被彻底消灭了。他还发现亚历山大时期以前从来未曾使用过的绝妙的聚敛财富的方法[①]。尤利乌不但仍旧将这些事情依葫芦画瓢进行下去，而且还不断地加以改进与完善。他决心夺取波洛尼阿，征服威尼斯人，并且把法国人驱逐出意大利。所有这些事情他都一一办成功了[②]。因为他的一切所作所为都是为了提高教会的地位，而不是提高任何私人的地位，所以他受到人们的称赞。此外，他还把奥尔西尼和柯伦尼斯这两派约束在他所控制的范围之内。尽管在这两派当中有些能够改变局势的头头，可是有两个方面的因素始终在威慑或控制着他们：其一是教会的强大，使他们有所畏惧；其二是不让他们的人担任枢机主教。因为这种主教是党派之间发生纷争的肇始人。这些主教在罗马内外四处扶植各种党派，王公贵族们就不得不拥护他们。而这些党派都把枢机主教作为靠山，如此一来，要想使国家保持和睦与安宁，当然就是一句空话了。甚至由于主

---

① 指以犯有国事罪为理由没收富人的财产。

② 尤利乌二世于1506年征服了波洛尼阿，战胜了威尼斯，然后解散统一联盟。1511年，教会、威尼斯、西班牙成立反对法国路易十二的联盟，联合起来驱逐法国人。1513年2月尤利乌去世后，法国人再次被驱逐出意大利。

教们的野心终于导致各个王公贵族之间发生骚乱与纷争，国家也摇摇欲坠。

我们希望，如果说过去的一些教皇已经依靠武力使得教会势力壮大起来，那么当今教皇理应依靠善行和美德使它更加强大，并且更加受到人们的崇敬。

第四篇

军队与国防

第十二章 论各种军队兼及雇佣军

我在本书开头曾提出要论述的各个君王国的特性，在前述的各章中已经详细地讨论过，同时对这些君王国盛衰兴亡的根本原因也进行了细致的探究，在相当的篇幅中阐明了许多君王努力创造并把守国家曾经采取的方法。现在就让我扼要总结一下在前述的每一个国家可能使用的进攻与防御之道。

我在前文详细说明了君王为自己的权力奠定稳固的基础有如何的重要，否则的话，君王则必然招致灭亡的道理。而一切国家，无论是新兴的国家，还是旧的国家或者混合性国家，其最主要的根基乃是拥有健全的制度、完善的法律和优良的军队。因为如果缺乏优良的军队，那就不可能有健全的法律。哪里有优良的军队，哪里就一定会有健全的法律；反之亦然。在此，我对法律问题略去不谈，只就军队问题作个专题探讨。

君王用于保卫本国领土的军队，或者是他自己指挥的军队，或者是雇佣军、客军[①]，或者是混合式的军队。其中的雇佣军和客军是既无益又危险的。任何一个君王假如把保卫国家安全的希望寄托在雇佣军或者

① 客军，指雇佣军。

客军身上，他的国家必然出乱子，毫无安全可言。因为这些雇佣军队内部勾心斗角，心怀二心，纪律松散，不忠不义。他们在朋友当中耀武扬威，而在敌人面前则表现得十分怯懦。他们既不敬畏上帝，又不诚信待人。假如你的国家之所以迟迟才遭遇到毁灭，那只是因为敌人的进攻推迟罢了。因此，你在和平时期受到雇佣军剥削，而在战争中则受你的敌人掠夺，你的损失是双重的。造成这一切的根源在哪里呢？我认为，这是因为，这些雇佣军除了得到微薄的军饷之外，他们既没有忠义之忱和爱心，也没有任何驱动力或者说动机能使他们效命于战场。有必要指出的是那点军饷并不足以使他们愿意为你付出生命代价。当你不打仗的时候，他们情愿给你当兵，但是如果发生战争，他们就退避三舍或者疲于奔命。

要让我证明这一点是轻而易举就能办到的，因为今日意大利的崩溃恰恰正是由于它许多年来依赖雇佣军的结果，而不是别的原因。虽然这些雇佣军先前曾经帮助某些人获得这样或那样的地位，并且在彼此的格斗中显得勇猛非凡，可是当外敌压境的时候，他们就暴露极端无能的一面。以至于法王查理八世手执一支粉笔[①]就能够不费吹灰之力地占据了意大利。有人说，我们自己所遭遇的不幸应归于我们自己的过错。这句话不幸而言中了。[②] 可是这并不是普通人所想象的那些罪过，而是我已经论述的那些罪过。因为那是君王们的罪过，所以他们理应受到惩罚。

---

① 是引用教皇亚历山大六世形容法国查理八世征服意大利轻而易举所说的俏皮话。

② 萨霍那罗拉在1494年11月曾预言法国查理八世将要入侵。后来他指出其原因在于意大利、罗马和佛罗伦萨的残暴和渎神。但马基雅维利则把此种不幸归罪于佛罗伦萨无能力自卫。

下面，我想进一步运用实例论证这种雇佣军队的不可靠。

雇佣军的首领们要么是称职而能干的人，要么是不称职不能干的人，二者必居其一。如果他们是能干的称职的，你可不能够以足够的理由信赖他们，因为他们总是竭尽所能地渴求扩张自己的势力范围。为了达到这个目的，他们不是压迫自己的雇主，就是违反雇主的意思压迫他人。反之，如果首领是软弱无能的人，他往往使你毁于一旦。也许有人认为，不论是否雇佣军，哪怕是高级将领也可能会出现这种情形。对此，我回答说，当君王或共和国必须用兵时，君王必须身临前方，亲自挂帅指挥。共和国用兵时则必须委派自己的公民去指挥作战，如果被派的人恰好对指挥作战力不从心，就必须予以撤换；如果其人胜任其事，则必须用法律加以约束，杜绝让他越出给予他的权力权限。事实已经证明，只有君王自己和武装起来的共和国才能够取得巨大的进展，而雇佣军只会造成损失，酿造祸患。但必须提醒人们注意的是：让一个用自己的武装力量武装起来的共和国比让一个靠外国武力武装起来的国家服从它的某一个公民的支配要困难得多。

罗马和斯巴达人许多世纪都是拥有自己的军队，从而享有自由的。瑞士人则武装得最为彻底，从而就享有完全的自由与独立。关于古代使用雇佣军极其不利的事实，可以举迦泰基人为例。虽然迦泰基人派了自己的公民们担任雇佣军的首领，可是在他们同罗马人进行第一次战争之后就几乎为雇佣兵所制服。当艾帕米侬达①死后，底比斯就请马其顿的菲力普②当他们军队的将领；胜利后，菲力普就完全剥夺了底比斯人的

① 艾帕米侬达（Epsminuda），公元前4世纪底比斯的将领和政治家。

② 菲力普（Filippo Maria Visconti），米兰的公爵（1412—1417年）。其女嫁弗朗切斯科·斯福尔扎。菲力普死，斯福尔扎夺取公国领地。

自由。菲力普公爵一死，米兰人便招来弗朗切斯科·斯福尔扎征讨威尼斯人。等到在卡拉瓦焦[①]打了胜仗之后，斯福尔扎却同威尼斯人联盟，倒戈反击，来压迫他自己的雇主——米兰人。斯福尔扎的父亲曾经在那不勒斯王国的焦万娜女王[②]手下当一名军官，后来突然间离开女王，使她的军队解体；以至于女王为了挽救她的王国，不得不被迫投到阿拉贡国王的怀抱里。

然而，与前述所不同的是，威尼斯人和佛罗伦萨人当初都曾经利用雇佣军开拓自己的版图，而这种雇佣军队的将领们不但没有自立为王，而且还保卫了他们，这又应该怎么理解呢？我的看法是，出现这种情形，佛罗伦萨人完全凭借的是一种极其偶然的侥幸。因为在那些能干的、野心勃勃的将军中，有些人根本没有打过胜仗，有些人遇到了对立的力量，另一些人则把他们的野心用于别的地方了。乔瓦尼·奥库特[③]正是因为他没有打过胜仗，他的忠义就无法得到验证。不过任何人都承认：假如他取得了克敌制胜的成功，佛罗伦萨人就无可非议地得由他主宰了。而弗朗切斯科则是始终同勃拉奇奥家族[④]对立的，他们彼此之间互相牵制，互不相让。再说，弗朗切斯科把他的野心转到伦巴第去了，而勃拉奇奥则反对教会和那不勒斯王国。

现在，还让我们看一下不久以前发生的事情吧。佛罗伦萨人委派了

---

① 卡拉瓦焦（Caravaggio）之战，在1448年9月15日结束，旋即，斯福尔扎即背叛米兰人，自己与威尼斯人结盟，于1450年攻克米兰。

② 焦万娜二世（Giovanna Ⅱ，1371—1435年），那不勒斯女王（在位：1414年—1453年），其王国为费尔迪南多所兼并。

③ 乔瓦尼·奥库特（Giovanni Aucut，1320—1394年）。曾参加英法战争，由英王受勋，后纠集队伍到意大利各国作为雇佣军，成为著名的“白衣连队”。参加多次战役，死于佛罗伦萨。

④ 勃拉奇奥家族（Braeceshi），一个雇佣军首领的家族。

保罗·维泰利担任他们的长官。维泰利是一个办事精明果敢而且具备深谋远虑的人。他以平民的身份崛起，并在军队中享有极大的声望。如果这个人攻占了比萨城，佛罗伦萨人自然要同他保持密切的关系，这一点谁都无法提出疑义。因为如果他一旦变成他们的敌人的指挥官，佛罗伦萨人就没有任何实力与之对抗了；另一方面，如果留下他，佛罗伦萨人就必须服从他，乖乖地听从他发号施令。

至于威尼斯人，如果对他们所取得的成就进行深入细致的分析，我们就不难看到，当他们派遣自己的军队与敌人作战的时候，他们做得既稳当又光荣；我们同时还看到，在开始转向陆地战斗之前的水上之战中，他们利用他们的贵族和武装的平民进行了英勇的战斗。但是，他们开始转向大陆作战的时候，令人费解地抛弃了这种尚武精神，而沿袭了法兰西、意大利诸邦作战的习惯——利用雇佣军。威尼斯人在扩张大陆领土的初期，他们没有必要害怕他们的将领，一来是由于领土还不很多，二来是由于这些将领名声显赫。可是后来，他们在卡尔米纽沃拉①的指挥下，大肆扩张他们的领土范围的时候，就尝到了这个错误的苦头。他们在卡尔米纽沃拉的指挥下打败了米兰的公爵，卡尔米纽沃拉就被认为是一个极有战斗指挥能力且十分勇敢的人。可是，另一方面，他们察觉出卡尔米纽沃拉在以后的战争中态度变得很冷淡，就认定在他的指挥下难以获胜。但为把守这经过苦战赢得的一切，他们既不愿意也不能够把卡尔米纽沃拉解雇。与此同时，他们为了确保自己的安全，又不得不把他杀了。后来他们先后雇佣雇佣军头目巴尔托罗梅奥·达·贝尔

① 卡尔米纽沃拉（Carmignuola，1390—1432 年），伯爵，先为米兰效忠，后为威尼斯服务。1432 年以背叛罪被处决威尼斯。

加谟[①]、鲁贝托·达·桑·塞韦利诺[②]、皮蒂利亚诺伯爵[③]，以及诸如此类的人担任他们的首领。如果使用这些将领，威尼斯人最担心的是业已取得的成果是否会因为他们而丧失殆尽，而不是指望他们为自己再有什么新的收获。后来发生在维拉战役的情况就是这样。他们在一日之间把数百年来历尽困苦所取得的一切都拱手让给了他人。因为靠这种雇佣军要有所获也只能耐心等待；而等待到一定的时间，所得的结果却是突发性的、残酷的、令人不可思议的毁灭。

上文我引用时至今日仍然被雇佣军统治着的意大利作为典型，较全面地探讨了雇佣军的利与弊。下面，我还想深入地谈谈雇佣军的问题，谈谈雇佣军的起源及其发展，以便兴利除弊。

你一定知道，当年的意大利，神圣不可侵犯的罗马帝国的皇权开始受到排斥，且日益丧失其权势与信誉，而教皇的世俗权势方面却取得了长足的发展，在这种情况下，意大利便分裂成许多国家；那些先前受皇帝宠爱、娇惯的贵族，在这些大城市或小城市中受到了公民们的武装攻击，同时教会为了扩大自己在世俗势力，也不遗余力地支持新生的武装力量。而在其他许多城市中，他们的市民也自立了君王。这样一来，意大利就几乎全部落在教会和一些共和国手里，而组成教会的教徒们和支配共和国的市民们由于不谙军事，于是就不得不雇佣外国人来指挥军队

---

① 巴尔托罗梅奥·达·贝尔加谟（Bartolomeo da Bergamo，1400—1475 年），自 1424 年在威尼斯当雇佣军，后升任将领，死于战争。

② 罗伯特·达·桑·塞韦利诺（Ruberto da San Severino，1419—1487），为威尼斯作战而死。

③ 皮蒂利亚诺伯爵（Conte di Pitigliano），名尼柯洛·奥尔西尼（Nicolo Orsini，1442—1510 年），雇佣军将领，为威尼斯作战，惨败于 1509 的维拉之役，后死去。

作战。使这类军队赫赫有名的头一个人，就是罗马尼阿人阿尔贝里格·达·科尼奥[①]。勃拉奇奥和斯福尔扎，还有其他的人就是由这个人训练成为军事天才的。这两个人后来都成为意大利的主宰。继他们之后，又来了其他雇佣军将领，他们指挥意大利的军队以迄今日。尽管他们十分勇武，但所造成的结果是，意大利陷进了水深火热之中，整个国家遭受查理八世的蹂躏[②]、路易十二的掠夺[③]、西班牙费尔迪南多的压迫[④]和瑞士人的凌辱[⑤]。

雇佣军首领们曾惯用的手段，首先是极力削弱步兵的势力，借贬低步兵的声誉，以抬高自己的威望，扩大自己的势力。他们之所以这样做，就是因为他们没有自己的领土，而是依靠受雇佣微薄的收入来维持生活的。然而为数很少的步兵根本不能够使他们赢得相当的威望和权势的，况且他们又没有能力供养庞大的步兵队伍。因此，他们不得不改为依靠骑兵，他们使相当数量的骑兵获得特殊的给养并且受到尊崇。雇佣军的首领这样做的结果是：在一支两万人的部队中，步兵不及两千人。

---

① 阿尔贝里格·达·科尼奥（Alberigo da Conio，1344—1409 年），罗曼那的库尼奥的伯爵，是纯粹意大利式雇佣军连队的创始人。曾组成著名的“圣乔治兵团”，并任该团首领。

② 查理八世，法国国王（1470—1498 年），1494—1496 年曾侵入意大利、佛罗伦萨、那不勒斯，后被逐。参见第三章注解。

③ 路易十二，法国国王（1494—1515 年），曾占领米兰，1500 年同西班牙瓜分那不勒斯，后被逐。

④ 费尔迪南多（Ferdinado，1452—1516 年），西班牙国王，曾出兵援助那不勒斯驱逐法国查理八世入侵，作为侵略意大利的手段；1491 年征服了摩尔人在西班牙的最后一个王国格林那达。从此，他对内执行集中政策，对外则执行对法兰西的包围政策。后于1500 年与法王路易十二瓜分那不勒斯；1508 年与德、法、西班牙及教皇合谋瓜分威尼斯；其后为了争夺意大利同法国作战。

⑤ 法王路易十二征服米兰，曾得到瑞士人帮助。后来瑞士人在教皇尤利乌怂恿下自行征服米兰。

除此之外，这些将领们还采取各种方法来减轻自己和士兵们的劳苦和危险。在战斗中尽量不进行屠杀而是活捉俘虏，而且战后不要求敌方赎金即将俘虏大赦释放。他们并不夜袭城市，城市的防军亦不夜袭野营。他们在军营的周围既不树立栅栏，或者挖掘壕沟筑工事，也不在冬季出征作战。而所有这些又都是他们的军事法章所允许的，并且，正如我所论述过的，这是他们为避免疲劳和危险这两者而想出来的绝招。如此一来，他们就使意大利陷入备受奴役和屈辱的奴隶状态。

第十三章
论客军、混合军和本国军

毫无疑问，客军也是于事无补的一种军队。所谓客军，就是当一个君王面临窘境，便请求一个强国进行援助和保卫自己而派来的军队。近年教皇尤利乌二世就是这样做的。当他对费拉拉用兵的时候，就尝尽了他的雇佣军的苦头，于是转而求助于那些强国派来的客军。他同西班牙国王费尔迪南多约定由后者派出他的人员和军队援助前者①。这些军队

① 教皇尤利乌二世意欲统治整个意大利，曾进攻费拉拉，但由于费拉拉从法国联盟获得支援，因此失败。教皇于 1511 年同西班牙国王费尔迪南多（以及威尼斯等）结成反法国的“神圣联盟”。其后教会和西班牙的军队同法军作战，在拉文那惨败。由于瑞士出兵二万人支援“神圣联盟”，法军被迫撤退，意大利才免遭灭顶之灾。

本身可能由战斗力很强的军人组成，可是对于招请这些军队的人来说却是有害的，甚至是危险的。因为如果客军在战斗中打败了，你就成了孤军作战，结果很悲观；反之，如果客军赢得胜利，你就近乎成为他们的俘虏，犹如囚徒被束缚在牢狱之中一样，丝毫没有安全感。

纵观古代历史，这样的实例不胜枚举。但是我不想抛开教皇尤利乌二世这个新近的例子，因为很多人对教皇尤利乌二世的事记忆犹新。我清楚地看到他请求客军所作的决定是再糊涂不过的：他因为想占领费拉拉，不惜把自己的命运置于一个外国人的手中。总算他的运气不坏，事情发生了转机，才使他没有尝到他这种轻率抉择的苦果。因为他的客军在拉文纳被击溃之后，瑞士人奇迹般地出现在战场，并把征服者驱逐出去——这同他和其他人的预料完全相反。这样，由于尤利乌的敌人已经仓皇逃走，他才不致成为敌人的阶下囚。同时教皇尤利乌是由于客军以外的其他军队获胜，所以，他才没有成为自己的客军的俘虏。

佛罗伦萨人完全没有武装起自己的军队来，却派遣一万名法国兵去进攻比萨①。他们的这种做法真可谓铤而走险，这是他们任何时期都不曾遭遇的。君士坦丁堡的皇帝②蓄意要霸占他的邻国，派遣上万名土耳其军人到希腊，战事结束的时候，土耳其军队不肯离境，这就是希腊受异教（非基督教）徒奴役的开端。

谁不希望就利用这种客军获得胜利呢？但我要说的是，客军带来的危险比雇佣军多得多。因为客军内部团结一致，而且完全听从另一个君

---

① 1500年佛罗伦萨人从法王路易十二那里夺回比萨，但进攻失败。由于这些军队难带，以致人们把它解散。

② 即乔瓦尼·坎达库泽诺（Giovanni Cantacuzeno，1300—1383年），同帕莱奥洛吉（Paleologhi）因拜占庭王权出兵希腊，从而开始了土耳其人在欧洲扩张的历史。

王的指挥，所以，客军的到来，也就意味着国家潜伏着毁灭的危机。但就雇佣军而论，如果他们获得胜利，他们要加害于你，却需要更长的时间和寻找较好的机会。雇佣军并不是一个整体，他们是由你挑选而来并享受你发给的军饷，而且这个指挥官是不能够立即取得足够的权威来加害于你的。总而言之，就雇佣军而论，其最危险表现在懒散怯懦；而就客军而论，其最可怕处恰恰正是他们的英勇强悍。

因此，作为一名充满智慧的英明君王，绝对不应该使用这种军队，而应该完全依靠自己的军队。他宁可依靠自己的军队打仗而败北，而不愿依靠他人的武力而制胜。他必须懂得：借助他人的军队赢得的胜利并不意味真正的胜利。

为了证明我的这一观点，我毫不犹豫地援引切萨雷·博尔贾及其事迹为例。这位公爵依靠客军侵入罗马尼阿。公爵当时率领的客军全部是法国的军队，并且依靠他们占领了伊莫拉和佛里。但是后来，他觉得这种军队靠不住，于是转而求助雇佣军。因为他认为雇佣军的危险较小，他雇佣了奥尔西尼和维泰利的兵。直到后来，公爵觉察到他们行为可疑、不忠，并且有危险的时候，他立即又消灭他们，回过头来又依靠他自己的人。我们详细考察切萨雷·博尔贾公爵的经历的时候，将这位公爵在只是依靠法国人，依靠奥尔西尼和维泰利的雇佣军同依靠自己的军队和他自己的时候进行对比，就会清楚地发现，他的名气、声望迥然不同。据此，我们能够很容易认识到这些军队之间的差别。我们还能发现，当每个人都知道他是他的军队的完全的主人的时候，他的名声总是愈来愈大，他受到人们的敬重达到了无与伦比的境界。

尽管我不打算抛开意大利最近发生的这些事例，但是我不想忽视我在上面已经提到的那些人当中的一个——锡拉库萨的耶罗纳。我已经说过，这个人被锡拉库萨人推举为军队的指挥官，他很快发现那些像意大利雇佣军那样组成的雇佣军对自己是有害无益的，觉得自己既不能够保护他们，又不能够将他们解散，最后他干脆把他们全部斩尽杀绝。这样，他就率领自己的军队作战，而不需要依靠外国的军队。

现在我还想回顾一下《圣经·旧约》里面有关这个问题的一个寓言。大卫请求扫罗王让自己同非利士人的挑战者歌利亚战斗。扫罗为了给他壮胆，把自己的铠甲给他佩戴，可是当大卫试穿了一下之后，就立即谢绝了。他说，戴这个铠甲就不能够很好地发挥自己的力量，他宁愿拿起自己习惯使用的投石器和刀子同敌人作战。总而言之，他人的铠甲不完全合你之用，或者它过大，你穿上它，它就会从你背脊上落下来；或者它过于沉重，你承受不了这个重担而被压倒；或者它太紧，把你束缚得动弹不得。

法国国王路易十一①的父亲查理七世②，凭借自己的机运和能力，把法兰西从英国人的统治之下解救出来。他认识到只有依靠自己的军队武装自己的必要性，于是在他的王国里制定了一整套关于步兵和骑兵的规章制度。但是后来他的儿子路易国王废除了本国的步兵，而开始雇佣瑞士兵。我们能够看见，这种错误以及随之而来的其他错误便是导致了法国遭遇危难的根本原因。因为路易国王使瑞士官兵享有崇高盛名，客观上就贬低了自己的士兵价值，使他们灰心丧气。他甚至完全把整个步兵解除，同时让他的骑兵仰赖外国军队。因为法国骑兵已习惯于与瑞士

---

① 路易十一（Louis XI，1423—1483 年），1461 年登上法兰西王位，并进行大规模的领土扩张。1474 年与瑞士签订了条约，使他有权在瑞士境内招兵。

② 查理七世（Charles VII，1403—1461 年），法兰西王，当权期间，致力于财政上和军事上的改革，使王权大大加强。

兵协同作战，因此在他们看来，如果缺少瑞士兵的协作就不能够战胜对手。这样一来，法国人就没有能力对抗瑞士人，而且没有瑞士人的支援，他们就没有勇气和信心对抗其他敌人。法国的军队于是成为混合的军队，一部分是雇佣军，另一部分是本国的军队。这种军队整体来说比纯粹是雇佣军或者单纯是外国客军强得多，可是比全部是本国的军队毕竟差得远。

上述的例子已足够证实这一点道理，因为如果查理七世的制度得到发展或者坚持下去，法兰西王国将是不可战胜的。可是人们没有能够谨慎地明辨与思考问题，就开始从事某一件起先看来认为不错的事情，而没有能够察觉其中的隐患，就好像某一个人吃新鲜水果，入口时觉得味道挺美，就想不到其中蕴含的毒素。我在前文谈及消耗热病的问题时就已谈到。

因此，如果君王不能够在自己的国家里察觉出滋生忧患的端倪，他就不是真正英明聪慧的君王。遗憾的是，能够有这种先见之明的人毕竟只是少数。同时，人们如果研究一下罗马帝国覆灭的头一个原因，就会察觉，这是从雇佣哥特人（Goths）当兵才开始的。因为罗马帝国的势力就是从那个时候开始损伤元气，逐渐衰微的，而以前曾经使罗马帝国勃兴的一切力量都转移到哥特人那里去了。

因此，我的结论是：任何一个君王如果没有自己的军队，它是不安全也是不稳固的。反之，一旦君王处在极其危险的关头，如果缺乏实力和信心来拯救这个王国，他就不得不完全凭借侥幸了。因为当他受到危难之时，既没有本国人民的勇敢和忠诚，也没有外国势力的援助。明智的人们对这样的意见和论断一定深信不疑：

世上最弱、最不稳定的东西，莫过于不依赖自己的力量来建立自己的权势和声誉。

所谓自己的军队，就是由官员、市民或者自己的亲属组成的军队。所谓其他一切军队，就是雇佣军或者客军。如果你考虑一下我在上面已经提到的瓦伦蒂诺公爵、切萨雷·博尔贾、锡拉库萨的耶罗纳、大卫和法国查理七世的做法，并且观察一下亚历山大大帝之父菲力普以及许多共和国和君王是怎样整军经武把自己组织起来的，就很容易找到组织自己军队的办法。而对于这些前辈们在建军方面所表现出来的智慧与才能，我是寄以无比的敬意的。

第十四章
论君王在军事方面的责任

君王就是君王。君王不应该有其他的目标、其他的思想，也不应该把其他事情作为自己的专业，他只应该从事战争、军事制度和纪律以及军事训练方面的研究，因为这是作为统帅的人所必须学会并掌握的唯一的专业。它的力量不仅能够令那些生下来就当君王的人保守住地位，而且经常令人们从庶人的卑微地位一跃而跻身于君王的行列。反之，那些只醉心于安逸中的君王比对关心军事想得更多的君王容易亡国。我们可以说，忽视战争专业，便是导致国家毁灭的主要原因，而能赢得一个国家的原因，恰恰就是你精通了战争这门专业。

弗朗切斯科·斯福尔扎由于精通军事，于是由庶人一跃而为米兰的公爵；而他的后代子孙由于躲避军事的困苦，于是由公爵降为庶人。为君王者因为不整军经武，就会丧失应有的军事力量，就会受人蔑视，让自己感受到了奇耻大辱，这是君王所必须提防的主要方面。关于这一点且容后说明。经过武装起来的人同没有经过武装起来的人是无法比较的。指望一个武装起来的人心甘情愿地服从于那个没有武装起来的人，或者没有武装的人苟且偷安于经过武装起来的臣仆之中，这都是不符合情理的。因为已武装者抱着蔑视的态度，而未经武装者却抱着猜疑的态度，这二者怎么可能好好地相处共事呢？所以，君王如果不懂军事，除了会招致已经提到的种种不幸之外，他还不能获得自己的士兵的尊敬，自己也不能够信赖他们。

由此观之，君王时时刻刻都不要让自己的思想离开军事训练的课题，准确地说，他应该在和平时期要比在战争时期更加关注这个课题。要做到整军经武，可以运用两个方法：第一是经常行动；第二是靠心智思考。在行动方面，君王除了必须把他组织的人妥善地安排并加以严格训练之外，自己必须不断地参与狩猎活动，以此锻炼身体，同时让自己适应艰苦生活环境。与此同时，君王还应该全面认识、了解山脉是怎样起伏的，峡谷是怎样凹陷的，平原是怎样展开的，还有河流、沼泽是怎么分布的。所有这一切，君王都应该予以最大的关注。

君王着眼于战争专业的研究，同时又多方面了解这些知识，它的用处显而易见：首先他学会怎样了解自己的国土，就能够更好地懂得怎样保卫它；其次，由于他对那个地方已经获得了知识与经验，假如日后有必要了解那个地方，他就能够毫不费力地做到这一点。举个例子说，在托斯卡纳的丘陵、山谷、平原、河流和沼泽同其他地区的丘陵、山谷、平原、河流和沼泽等地方总会有某种相似之处。所以说，一个人只要根据一个地区已知的地势特点，就能够很容易推测其他地区的地势特点。作为一国之君，如果缺乏这种必备的知识，也就缺乏了做君王应该具备的一个首要条件。因为正是这些知识，君王才知道怎样发现敌人，如何选择根据地，如何率领部队修筑作战工事，以及如何利用有利条件攻击目标，等等。

阿卡亚人（Achaen）的君王菲罗比蒙（Philiopomen）[①] 曾经受到史学家的诸多赞扬。最为史学家津津乐道的，是即使处在和平时期，菲罗比蒙仍然念念不忘思考着战争的方法。他和朋友们一起在乡村的时候，他总是下意识地停下来同他们讨论："如果敌人在一个山丘出现，而我们的军队却在这里，那么谁享有地利？我们怎样才能够摆开队形稳妥地打击敌人？如果我们想退却，应该怎样采取行动？如果敌人退却了，我们应该怎样追击？"等等。就这样，他和朋友们一起走路的时候，他会不断地向他们提出任何一支军队可能遇到的各种情况。他时而倾听朋友们的意见，时而说明自己的见解，并提出许多充分的理由进行论证。由于他经常不断地对战争问题进行深入思考，所以，即使战争一旦爆发，让他在率领军队征战沙场时，也不可能发生他不能够应付的任何意外事件。

从培养思维能力方面着眼，君王还应该阅读历史，广泛研究历史上那些叱咤风云的大人物的行动，考察他们在战争中是怎样做的，分析他

---

① 菲罗比蒙（公元前253—前183年），古希腊阿卡亚名将，于公元前208年被推为将军，战胜斯巴达，打败其暴君纳比斯，最后被处死。希腊传记家普鲁塔克（Plutarch）称之为"希腊的最后一人"。

们胜利与失败的原因，以便避免后者仿效前者。最重要的是他应当像过去那些伟大人物那样做。他要选择某一个受到赞美和尊崇的前人作为榜样，经常把这个前人的举措和行动铭记于心。据说，亚历山大大帝就是效法阿基利斯，恺撒[①]效法亚历山大，西奇比沃尼[②]效法居鲁士。谁读色诺芬[③]所写的居鲁士王的生平，谁就会从西奇比沃尼的生平看到他效仿居鲁士给自己带来多大光荣，同时在纯洁、和蔼、仁慈、宽宏大量诸多方面，西奇比沃尼同色诺芬所描述的关于居鲁士的品质特性简直是如出一辙。

作为贤明的君王必须遵守以上的方法，切莫在和平时期无所事事，应该努力地利用这些时间积聚财力，以便在命运遇到任何一种困境的挑战的时候，非但不至于心慌意乱、措手不及，反而能够积蓄有效的力量，对一切来犯之敌均给予有效反击。

---

① 恺撒（Ceasare，Gaius Julius，公元前100—前44年），古罗马名将及政治家。公元前59年当选为执政官。公元前58年任高卢总督。先后征服高卢全境和不列颠。公元前44年被推为终身独裁官，同年被元老院的反对派暗杀。

② 西奇比沃尼（Scipione，Publius Cornelius，公元前273—前183年），古罗马将领，因征西班牙有功，当为执政，并战胜迦泰基人，大败安尼拔勤于扎马之役。

③ 色诺芬（Xenophon，前434—前351年），希腊史学家、散文家。苏格拉底弟子。曾从斯巴达军队，助波斯王子小西鲁斯与其兄弟争位，著《远征记》述其经过。

第五篇

暴政与仁政

第十五章　论世人尤其君王受到赞扬或责难的缘由

鉴于前文所述，我很有必要进一步考察君王对待臣下和朋友应该采取的方法、原则和措施。关于这一点，有许多人写过文章发表了看法。现在我借本书的机会也谈一谈我的陋见。特别是在这个问题上，我所持的观点与很多人的观点截然不同。因此，我恐怕会被人认为自恃而傲慢。

不过，我的写作目的是很明确的，即写一些真正让人能够了解的、有用的东西。我写作文章的出发点在于论述事物的真实情况，而不想费笔墨去奢谈事物的想象方面。但现实中，就有不少人[①]幻想出一些共和国，而实际上这些共和国从来没有人见过，也从来不存在。可是，人们实际上怎样生活同人们应当怎样生活，二者之间的距离相距十万八千里，以致我们常常惊讶地发现这样的事实：一个人要是为了应该怎样办而把实际上是怎么回事的问题置之脑后，他不但不能保存自己，而且有

① 包括以《理想国》著名的柏拉图、以《政治论》著名的亚里士多德以及西塞罗等人；也包括教父哲学代表人物奥古斯丁、托马斯·阿奎那等人。请参阅《李维史论》。

可能导致自我的毁灭。因为一个人如果在一切事情上都发誓以善良自持，那么他苟且偷安于许多心怀鬼胎的人当中定会遭到毁灭。所以说，君王如要保持自己的地位和权势，就必须学会怎样不做好事情，并且必须学会视情况的需要与否，采取与之相应的措施。

鉴于上述理由，我想把关于想象中的君王的事情搁置一边。我之所以不愿意在这个问题上花费笔墨，只是因为要讨论那些确实存在的真人真事。我认为，很多人，特别是那些拥有至高尊位的君王，总是突出地具有某些引起人称赞或者招致人责难的品质。这就是说，有人被誉为慷慨，有人则被贬为吝啬[①]；有人被认为乐善好施，有人则被视为贪得无厌；有人残暴成性，有人慈悲为怀；有人言而无信，有人襟怀坦荡；有人软弱怯懦，有人勇猛强悍；有人和蔼可亲，有人桀骜不驯；有人淫荡好色，有人纯洁自持；有人诚恳，有人奸诈；有人脾气僵硬，有人容易相处；有人稳重，有人轻浮；有人是虔诚之士，有人是无信仰之徒。二者往往相互对立，如此等等。

所有的人都会承认这样的道理，就是君王如果表现出上述那些被认为高尚的美德，就是值得褒扬称颂的。但是客观现实总是不尽如人意。君王既不能完全拥有这些高尚品质的美德，也不能够完全效仿这种美德。因此，君王必须有足够的明智远见，善于深谋远虑，知道怎样避免那些使自己亡国的邪恶行径的发生，如果可能的话，不妨保留某些不致使自己亡国的恶行；如果没有那些恶行，就难以挽救自己的国家的话，他也不必要因为对这些恶行的责备而感到不安。假如我们对每一件事情都进行一番细细推敲，就会察觉某

---

① 在佛罗伦萨的方言里，Avaro 一词，现仍指贪婪地掠夺他人之物，Misero 则意为守财奴或吝啬鬼。

些事情表面上看来好像是好事，可是如果君王照着办就等于自掘坟墓；而另一些事情表面上看来是恶行，但是如果君王照办了，却会给他乃至国家带来莫大的安全与福祉。

第十六章　论慷慨与吝啬

现在且让我就十五章列举的第一个德行开始探讨。

我认为，被人们赞为慷慨可能是好的；然而，一旦慷慨在做法上不能使你获得名望和声誉，它就反而损害了你。因为如果你凭借道德慷慨行事，却不见知于人，你就无法逃避与此截然不同的罪恶之名。因此，一个人如果希望在一个群体当中获得慷慨之名，就必不可避免地借助某些奢华的举止因素。许多君王常常把自己的财力都消耗尽了，为的就是获取“慷慨”之名。到了最后，如果他们想保持住慷慨的名声，他就必须加重民众的负担，横征暴敛，只要能够获得金钱，一切事情都做得出来。这就使得民众开始仇恨他，而且当他陷入困厄之境的时候，任何人都不会敬重他。因为他所谓的“慷慨”却损害了许多人，而受益者则只是很少一部分人。所以他必然是第一个遭遇困难的人，不论发生什么危险，他将先受其害。而等到他认识到这样做危害太大而想一改“慷慨”的初衷的时候，他将立即背上吝啬的恶名。

君王只能根据自己的实力对损失自负其责，否则就不能够运用这种慷慨的德行名扬于世，也不能够受众人敬仰。所以，凡是英明的君王，一开始就不应该对于吝啬之名有所介意。因为当人们发现由于厉行节约的缘故，他的收入变得丰盈了，他能够以坚固的防御对付向他发动战争的任何人，能够为国家建功立业而不加重民众的负担。因此随着时间的推移，人们将会认为这位君王愈来愈慷慨。这样的慷慨，他对于一切人说来就是名副其实的慷慨，因为他没有向民众索取什么，他就不会加重他们的负担，而这部分人为数很多；尽管他对于没有施与的一些人来说是吝啬的，但这些人毕竟为数甚少，构不成对君王的任何威胁。

在我们这个时代里，我们看见只有那些曾经被人们称为吝啬的君王才做出了伟大的事业，至于别的人全都失败了。教皇尤利乌二世登上教皇的宝座时是够慷慨的；可是，为了发动战争，他就不考虑如何保持慷慨的名声。当今的法王路易十二进行了许多场战争，而没有向属民征收特别的赋税，就是因为他一向善于精打细算，厉行节约，使国库充实，所有积蓄能够应付额外的军需开支。当代的西班牙国王费尔迪南多正是在恒常中保持了孤寒之德行，才能够借此屡获胜利；假如他始终享有慷慨之名，就不可能实现他建国立业的伟大目标。

明智的君王的成功之道即在于，不去掠夺老百姓却能够保卫自己。为使自己不陷于穷困以至于为人们所轻蔑，不至于变成强取豪夺之徒，君王对于招来吝啬之骂名就绝不必要有所介意，因为这是他能够治理好一个国家的“恶德”之一。如果有人说：“恺撒也曾由于慷慨取得罗马帝国的统治权，而且其他许多人也曾由于慷慨或者被称赞为慷慨而取得至高无上的地位。”那么我回答他说：“现在你已经成为一位君王，否则就是正在争取君王的地位。”如果是第一种情况，这种慷慨是有害的；

如果是第二种情况，被人们誉为慷慨却是十分荣幸的。恺撒是那些渴望取得罗马君王权的人们当中的一个；但是，如果他在取得罗马君王权之后仍然不节约他的支出而借慷慨之名大肆挥霍，他就必然毁灭帝国。假如有什么人反驳说：世界上曾经有过许多君王，他们依靠军队建立了伟大的事业，同时也曾经被称誉为是最慷慨不过的人。对此我要答复如下：君王所花费的钱财，不是他自己和他的老百姓的钱财，就是别人的钱财。如果是第一种情况，他必须厉行节约；如果是第二种情况，他完全有理由表示慷慨。

君工如果带军队出征讨伐敌人，所需的各种军费开支都是依靠掳掠、勒索、敲诈和使用别人的财物，这样的慷慨是明智的而且是必要的；否则，士兵就不会追随他。对于那些既不是你自己的财产也不是你的老百姓的财产，君王尽可以作为一个很阔绰的施主，正如当年的居鲁士、恺撒、亚历山大等国王所作的决断一样。你慷他人之慨淋漓痛快，不但无损于你的名声，而且会令你的声誉鹊起。只有挥霍自己的财产的人，才损害自己。世界上再没有比慷自己之慨的人更愚蠢的了。因为当你慷慨而为的时候，你就失去了使用慷慨的能力。可见，慷慨这种德行，在你使用的时候，不是因此让你变得可鄙，就是因此使你陷入困境。如果你选择的是前者，那么你也因此招来别人的痛恨。

总而言之，作为君王，最需警戒的德行就是：必须提防被人轻视和憎恨。但慷慨却会给你带来两种情形，要么使你成为可鄙之人，要么使你成为可恨之人。因此，明智之士宁愿承受吝啬之名，也不愿享受慷慨之誉。因为吝啬虽然带来丑名，但是不引起憎恨，而慷慨这个名词是既让人憎恨又让人惧怕的。

第十七章　论残暴与仁慈，兼论为人所爱与为人所惧孰优

现在我进一步谈谈前面列举的另外一种德行。

我认为，君王一定都希望被人认为仁慈而不是被人认为残暴。但他必须防止误用这个仁慈。切萨雷·博尔贾是公认为残暴的人。尽管如此，他的残暴却给罗马尼阿带来了秩序，使罗马尼阿得到了统一，恢复和平。如果我们实事求是对他作一分析，就会清楚看出博尔贾实际上比佛罗伦萨的人们仁慈得多，因为后者为了避免残暴之名反而让敌人毁灭了皮斯托亚（Pistoia）[①]。所以，君王为了使自己的臣民齐心协力和同心同德，对于残暴这个恶名就没有必要太介意。因为这样的情形毕竟很少，他比起那些由于过分仁慈，坐视发生混乱、凶杀、劫掠等事件而不闻不问的人来说，称得上是真正的仁慈，因为后者，受到损害的是整个社会，而君王执行刑罚不过损害个别人罢了。在所有的君王当中，新的君王由于新建立的国家充满着各种危险，要避免残暴之名来治理新国家，这是不可能的。诗人维吉尔（Virgilio）借迪多（Dido）的口为其

① 在1501—1502年间，佛罗伦萨城内两个敌对党派展开激烈冲突。佛罗伦萨的统治者采取容忍态度，最后酿成流血、掠夺与破坏的悲惨结局。

统治时期的残暴行为进行辩解：

> 我的命运，飘忽不定的王位，
> 新建的家园，使我一反初衷的意志，
> 以我全部权力，为了保卫我的国土，
> 以我最残暴的手段，为了捍卫我的疆土。①

虽然如此，君王还必须对身边所信任的人或者对自己做的诸多决策持审慎的态度，切不可轻信鲁莽；不过，也不要杯弓蛇影，妄自惊慌。他应当慎思明辨，以仁道为怀，有节制、有理智地从事，以免由于过分自信而使自己流于轻率鲁莽，或者由于过分猜疑而使自己囿于心胸的狭隘而无法容人。

由此可以引申出一个争议话题：作为一个君王，究竟是为人所爱比为人所惧更划算，还是被人畏惧比被人所爱更划算？我的回答是：最好是二者兼备。但是，二者必须择其一、舍其一时，被人畏惧比为人所爱是安全得多的。因为关于人类，一般可以这样说：他们可以是忘恩负义、朝三暮四者，是伪装者、冒牌货，是逃避危险、追逐名利的贪得无厌者。你对他们施以恩惠的时候，他们是整个儿属于你的。我在前面谈到，当这种需要离现实很遥远，他们表示愿意为你流血，愿意奉献自己的财产、生命和子女，可是一旦这种需要来临，他们就背弃你。因此，君王如果完全信赖别人许下的诺言而缺乏其他准备，就必然要灭亡。因为用金钱买来的友谊是不牢靠的。依靠伟大与崇高

---

① 此句引自所作被称为罗马的国民史诗 *Aeneid*。

的精神取得的友谊，才值得信赖。人们冒犯一个自己所爱的人比冒犯一个自己畏惧的人较少顾忌。因为爱是靠恩义这条纽带维系的；然而由于人性的卑劣，在任何时候，只要对自己有利，人们便把这条纽带一刀两断。可是畏惧却由于害怕受到绝不会放弃的惩罚而永远维系着，因而就难以失去其功效。

当然，君王若要使人们畏惧自己，就应当做到：即使自己不能赢得人们的爱，也要避免自己为人们所憎恨。一个被人畏惧同时又不为人们所憎恨的君王，就是一个成功的君王。只要他对自己的公民和自己的部属的财产，乃至他们的妻女不染指，那就办得到。他不得不结束某人生命的时候，必须有充分的理由或者站得住的借口才可以这样做。但是最要紧的是，他务必不要对他人的财产虎视眈眈，因为人们忘记父亲之死比忘记遗产的丧失还来得快些。再说，掠夺他人财产的借口轻而易举可以找到；一个人一旦开始以掠夺为生，他就常常找到侵占他人财产的口实。但是，与此相反，夺取他人生命的理由却更加难找。一些君王的败笔主要原因就在于由以上的事实中选择了知难行易。

可是，君王指挥队伍作战的时候，完全有必要置残暴之名于度外；因为如果没有这个残暴之名，他就决不能够使自己的军队紧密团结在一起，并使他们乐于执行君王部署的任何任务。

下面这个事例可以列为汉尼拔（Annibale）[①] 的惊人的举措之一。他率领一支由许多民族混合组成的大军，在外国的土地上作战，无论遭遇困厄还是好运当头，也不管军队当中的士兵如何看待自己的君王，都不曾发生任何抵触，都不曾发生以下犯上等事件。究其根源，

---

① 迦泰基军队统帅，曾越过阿尔卑斯山入侵意大利，公元前196年战败，之后与叙利亚王联手对罗马人作战，失败后自杀。

不是由于别的原因，而只是由于他的残暴无情。同时他具有超凡的能力，这就使他在士兵的心目中感到既可敬又可畏。但是假如他不是残暴无情，光靠他的非凡德行是不能够产生这样的效果的。然而对此事缺乏深思熟虑的史学家们，一方面对汉尼拔取得这样的成果赞不绝口，而另一方面却非难他取得这种成果的主要原因。假如汉尼拔只有其他方面的德行，那的确是不够的，关于这一点可以从西奇彼奥①的事例中得到确证。西奇彼奥不仅在他那个时代，而且在历史上都是一位极其罕有的传奇式人物；可是他的军队在西班牙背叛了他，其原因就是他太仁慈。他让自己的士兵享有同军纪不相容的更大的自由。为此，他在元老院受到法比奥·马西莫②的抨击，被称作败坏罗马军队的罪魁祸首。

洛克里居民曾经遭受西奇彼奥的一名使者的摧残，可是西奇彼奥既没有替他们报仇雪耻，也没有惩罚使者的横行霸道。这完全是由于西奇彼奥性情和易柔弱使然。元老院里想替他辩解的人就说，许多人懂得怎样使自己不犯错误，比懂得怎样矫正别人的错误来得清楚。如果西奇彼奥这样继续保持他的统帅地位，他的名声和荣誉亦将随之毁于一旦。但是，由于他有元老院的监督和呵护，他这种有害的品性不仅被掩盖起来，而且还使他获得荣誉。

现在让我们回到“究竟是为人所惧比为人所爱好，还是为人所爱比为人所惧好”这个问题上来。我的结论是：人们之所以爱君王，是基于

---

① 西奇彼奥（P. Cornelius Scipione，公元前234—前183年），罗马军队统帅，曾在西班牙战胜汉尼拔。

② 法比奥·马西莫，曾5次担任罗马执政。在罗马对抗汉尼拔的防御战中，他被指定为独裁者，作战中以谨慎闻名。

他们自己的意志，而感到畏惧则是基于君王的意志。因此，一位明智的君王办任何事情都应当将自己的地位及自己的意志建立在自己能够控制的方面，而不是立足在他人的意志之上。他只是如前述的一样必须努力避免招仇惹恨。

第六篇

君王的自身形象

第十八章　论君王应当如何守信

众所周知，君王能够忠诚守信，立身行事，以身作则，光明磊落，不使用诡计，不耍手腕，这是多么值得赞美啊！虽然如此，我们这个时代的经验却表明：那些曾经建立丰功伟绩的君王们却往往轻视守信，用尽各种手段，耍尽各种手腕，让人人心智迷乱，还无耻地亵渎那些恪守信义的人们。

基于上述理由，你不能不承认这个事实，即世界上有两种斗争方法：一种方法是运用法律，另一种方法是运用武力。第一种方法是人类特有的理性行为，而第二种方法则是兽性行为。但是，因为前者常常让人力不从心，所以必须诉诸后者以期求得它的帮助。因此，君王就必须懂得如何善于使用兽性行为和人类理性行为的斗争方法。关于这一点，古代的作家们早已谲秘地教给了君王。他们描写阿基利斯[①]和古代许多其他君王如何被交给半人半马的怪物查伦[②]抚养，在它的训练下管教成人。说这个故事的用意，不外乎说，君王必须知道怎样运用人性和兽性

---

① 阿基利斯（Achilles），传说是希腊英雄，从小就由半人半马的查伦教养，学会狩猎和作战的本领。

② 事见希腊神话。

的道理，并且必须知道：如果只具有一种性质而缺乏另一种性质，即不懂得上述所谓“人性所为”与“兽性所为”两种斗争方法，不论哪一种性质都是不经用的。

既然君王懂得必须善于运用野兽的方法，他就应当懂得仿效狐狸与狮子。因为狮子不能够防止自己落入陷阱，而狐狸则不能够抵御豺狼。因此，君王必须是一头能认识陷阱的狐狸，同时又必须是一头能使豺狼惊骇的狮子。然而那些总像狮子般行动，惯用公开的暴力行事的人们却悟不透这点。所以，当遵守信义反而对自己不利，或者原来使自己做出诺言的理由现在不复存在的时候，任何一位英明的统治者，绝不能够也不应当遵守信义。如果人们全都是善良，这箴言就很不合适。但是，事实上，人们是恶劣的，对你根本做不到守信不渝、忠贞不贰，因此你也可以同样无须对他们守信。不少君王就是借不乏正当的理由来为其背信弃义涂脂抹粉。关于这一点，我能够提出近代无数的实例来证明。它们表明：许多诺言与许多和约由于君王们背信弃义而终成为一纸空文；而那些深知怎样做狐狸的人却获得最大的成功。但是君王必须深知如何掩饰这种兽性，必须仿效狐狸的所为，做一个出色的伪装者和假好人。仿效狐狸进行欺骗的人，不必担心找不到心甘情愿而上当的受骗者，那是因为人们的头脑毕竟还是简单，而且极其容易屈服于当前的需要。

新近发生的那一件事，让我实在无法保持沉默：亚历山大六世除了欺骗人们之外，既不曾做过任何其他好事情，也从来不曾梦想做任何其他好事情，但是他总是有一套办法找到心甘情愿的上当受骗者。世界上从来不曾有过一个人比他更加有力地做出保证，比他更加信誓旦旦地肯定某一件事情，更没有一个人比他更加轻易地自食其言。可是，他的欺骗总是称心如意地获得成功，因为他深刻地认识到人类这一普遍存在的弱点。

因此，对于一位君王来说，根本就没有必要具备我在前面文章中列举的全部优良德行，但是表面上则很有必要显得具备这一切德行。我甚至敢说：如果具备这一切德行并且常常本着这些德行行事，那不但是无益的，而且是有害的；可是如果表面上显得具备这一切德行，那却是有百利而无一害的。你要显得慈悲为怀，笃守信义，合乎人道，清廉正直，虔敬信神，就像实际上就是如此。但是你同时要有心理准备：你需要改弦易辙、反其道而行之的时候，要能够并且懂得如何作一百八十度的转变。必须明白：君王，尤其是一位新的君王，根本无法实现那些被认为是好人应做的所有事情，他要维护国家，常常不得不背信弃义、不讲仁慈、逆情悖理、违反宗教。因此，君王必须有充分的心理准备，要懂得如何见风使舵、察言观色，随时顺应命运的风向和事物的变幻情况而转变。然而，如前所述，如果可能，君王还是尽量不要背离善良之道，但是如果迫不得已，他就要学会做甚至敢于做坏事。

因此，君王应当十分注意，千万不要从自己的口中溜出一言半语不是洋溢着上述五种美德的话语，注意使那些看见或者听到君王谈话的人都觉得君王是一位真正慈悲为怀、笃守信义、讲究人道、敬神信教的人。尤其重要的是，君王应该虔诚敬神信教。人们进行判断的习惯，一般是依靠眼睛更甚于依靠双手。因为每一个人都能够看到你，但是很少人能够接触你；每一个人都看到你的外表是怎样的，但很少人摸透你的实质如何。这些少数人是不敢反对多数人的意见的，因为后者受到国家最高权威的保护。而人们对于不能够向法院提出控诉的一切人的行为，特别是君王的行为，往往是凭借事情的结果判断它的好坏。

君王如果能够征服并且保持自己国家，他所采取的手段总是容易被人们认为是一种荣耀，将受到每一个人的称颂。因为庶人总是被外表和事物的结果所迷惑，而这个世界里尽是庶人。当多数人能够站得住脚的时候，少数人已难以找到恰当的活动空间。

当代的某一位君王[①]（我不必指出他的名字），除了维护和平与讲究信义之外，从来不宣扬其他任何事情，但是他对这两者的任何一者都极端仇视。况且，倘若他曾经信守其中任何之一，他的名望或者他的权力将不复存在。

第十九章
论君王必须避免受到蔑视与憎恨

关于本书前面提到的君王的德行，我已经论述其中最重要的德行，至于其余的德行，我拟根据下面的提纲作一个简明扼要的论述。这个提纲就是前面第十五、十六、十七章提到的，君王必须考虑如何避免那些可能使自己受到憎恨或者轻视的事情发生。如果他能够避免这些事情，他就尽到自己的本分。即使有其他丑行，哪怕因此招致各种谴责，也不会有什么危险。

① 西班牙的费尔迪南多，马基雅维利有意在此不点其名。

我在十七章说过，在人的一切丑恶中，贪婪、霸占臣民的财产及其妇女，是最让人们所憎恨的。因此，君王必须避免这两件事情的发生。当大多数公民的财产和荣誉都没有受到掠夺和玷污的时候，他们就能安居乐业，君王只需同很少数心怀叵测的野心之徒进行斗争，就可以轻而易举把这些人制服。

君王之所以会被人轻视鄙薄，那是因为他在人们的心目中总是喜怒无常、轻率浅薄、软弱怯懦、优柔寡断。因此，君王必须像提防暗礁一样保持高度的警惕。他应该努力在自己行为举止中表现出伟大英勇、严肃庄重、坚韧不拔。当他裁决公民的私事问题，他所作的决断应该是公正而且是不可更改的。另外，他应该让人们从内心对他抱有这样一种态度：谁都不要指望拥有欺君和愚君之心。

君王若能在平民中树起如上的名望，他就会深受人们的敬重和爱戴，而任何一种阴谋反对一个深受人们敬重的人都是困难的，也是徒劳的。如果一个君王卓越非凡而且受到他的臣民尊敬，那么采取任何方式的攻击都是困难的，也是自讨苦吃的。因此，君王必须注意两个方面：一是内部的，它来自本国公民；二是外部的，它来自外邦势力。对于后一种情况，依靠强大武装部队和依靠亲密的盟友就能够防御。而且，如果他拥有强大的武装部队，亲密的盟友就会纷至沓来。如果外无事端，内无阴谋，那么国家就相当稳定。即使遇到外患，如果君王已经如我所说的巧作安排和立身行事，他就能够如同斯巴达的纳比德那样抵抗一切外来力量的攻击。

但是，对于百姓，当没有外患的时候，君王亦需审慎警惕他们秘密搞阴谋。在这一点上，君王如果避免引起百姓憎恨和轻视，使百姓对他感到满意，他就能够稳坐江山。这是君王必须做到的。其原因我在上面已经详细申述。君王要能够防范一切阴谋，采取最有效的办法杜绝广大人民对他产生憎恨，因为搞阴谋的人总是指望把君王置诸死地来取悦于人民。但是，如果阴谋者知道置君王于死地必然会激怒人民，他就没有任何勇气实现这样一类的意图。况且，阴谋者也将要遭遇到无穷无尽的困难。事实证明：从古到今，阴谋夺取王位的实例不胜枚举，能够取得成功者却实在少得可怜。因为搞阴谋的人往往也很希望能有人和他搭档。但除了那些他认为对君王也是心怀不满的人们之外，他就难以找到别的人与他同流合污。而当你向一个不满之徒吐露夺取王位的意图时，这无疑是给他一个使他可以获得满足的机会，而他显然可以期待从这里获取各种各样的好处。[①] 他看到：在此时有两种选择供取舍，站在这一方面利益可以得到保证，而站在另一方面则非但不能得到保证，反而充满着危险。如果他笃守信义，他就是你难得的挚友，否则就是君王顽固不化的死党。

请让我扼要地说一下这件事。我以为，对于阴谋者而言，他们所面对的无非是恐惧、妒忌、猜疑以及受到令人丧胆的刑罚，此外就一无所有；但是在君王这方面，除了享有一国之君的至高无上的威严、法律、盟友和国家对他的特殊优待，他还享有民众对他的拥护和爱戴。因此，无论是谁都不可能那样轻举妄动地搞阴谋。一般来说，阴谋者在为非作恶未遂之前心理上往往充满着畏惧感；更因为他已然成为人民的敌人，所以他在为非作恶之后，也一定是心怀恐惧的，因此决不能够指望过安稳的日子。

尽管我可以举出无数的实例来说明如上问题，但是我认为只要举一

① 此句意谓将阴谋向君王告发的人可以从中获利。

个例子就够了。这个例子来自我们的父辈，可至今仍让人记忆犹新。先前波洛尼亚的君王梅塞尔·安尼巴勒·本迪沃里[①]，就是当今的梅塞尔·安尼巴勒的祖父，是被坎尼斯茨家族[②]搞阴谋杀害的。当时除年幼的梅塞尔·焦万尼·本迪沃里[③]外，这个家族没有一个能幸存下来。可是那次流血事件之后，当地民众纷纷行动起来把坎尼斯茨家族斩尽杀绝。为什么呢？这是因为当时本迪沃里家族在波洛尼亚获得民众的普遍好感，这种好感起到的作用之大是毋庸置疑的。安尼巴勒死后，能够统治这个国家的人一个也没有幸存下来，但是当波罗那的人们听说，在佛罗伦萨有一个过去一直被人当作铁匠的儿子，其实是本迪沃里家族的后裔时，他们就到佛罗伦萨迎接他，并推举他当佛罗伦萨的市长。这个城市就由这个人统治，直到梅塞尔·焦万尼长大能够亲政才终止。

综上所论，我得出这样一个结论：当人民对君王心悦诚服的时候，君王对于那些搞阴谋的人不必忧心忡忡；但是如果人民对一个君王抱有敌意、怀着怨恨，这个君王对任何一件事，对任何一个人就必然提心吊胆、心怀戒备。

因此，秩序良好、政局稳定的国家和英明的君王都应该尽其所能地使人民获得满足、安居乐业，同时绝不应轻易驱使贵族陷于绝望之境。这是君王之所以成为君王的重要因素之一。

---

① 梅塞尔·安尼巴勒·本迪沃里（Mwsser Annibale Bentivogli）于1445年被波洛尼亚另一个大家族首领巴迪斯塔·坎尼斯茨（Battista Canncschi）杀害，但遭到群众反对，巴迪斯塔·坎尼斯茨亦被杀死。

② 坎尼斯茨家族，波洛尼亚豪族，亲米兰，反对威尼斯与佛罗伦萨。1445年，该族首领意欲夺取政权，与梅塞尔·安尼巴勒·本迪沃里为敌。

③ 梅塞尔·焦万尼·本迪沃里（Messer Giovanni Bentivogli，1438—1508年），安尼巴勒·本迪沃里之子。其父被杀时，他才7岁。长大后在波洛尼亚执政（1462—1504年）。

我们这个时代里秩序最好、统治得最佳的王国应当首推法国。在这个国家里，我们看到法王的自由与安全赖以维持的优越的制度不胜枚举。在这些制度中，尤其值得一提的是“议会制”。因为建立这个王国的人知道贵族权力者的野心和他们的傲慢，认定有必要在他们的嘴上套上马栓来约束他们；另一方面，君王知道人民由于惧怕贵族直至怨恨贵族，于是，他便借助议会制设法安抚民众。但是，他又不想把这种事情作为君王特别照料的事情，于是，为了避免自己由于袒护人民而受到贵族非难，同时为了避免由于袒护贵族而受到人民的非议，国王就设立作为第三者的裁判机关——议会[①]。这个裁判机关既可以起到弹劾贵族、维护平民的作用，又可以保证国王不必承担任何责任。对于君王或王国说来，世界上还有什么制度比第三者的裁判机关更优越、更审慎、更安全、更稳妥的呢？

据此，我们又可以得出另一个值得注意的结论：君王务必委诸他人办理本需由自己承担责任的事情，并要把布惠施恩的事情让自己掌管。同时又可以推出以下结论说：君王既要呵护贵族，又不能因此使人民对自己产生怨恨。

有些人研究了罗马皇帝的生平事迹后，会觉得我的见解同罗马皇帝的实际情况很不吻合。这是因为他们只注意到罗马某些皇帝的立身行事一向卓尔不凡，而且表现出极其伟大的德行的一面。然而，事实上这些皇帝最终都丧失了自己的帝国，或者被谋反的臣民杀害。

---

① 在法国，“议会”这个机构在革命前的职能与现代“议会”不同，它在路易九世的1254年，以“法国议会”或者“巴黎议会”之名，开始作为中央的皇家法院建立起来；其后菲力普四世于1302年召开第一次“三级会议”，使这个机构进一步确立。

下面我将进一步探讨几位皇帝的品德。我认为罗马的某些皇帝的德行及其灭亡的原因同我所指出的情况并无不同之处。为此，很有必要把那个时代值得注意的一些事情公之于众。

我觉得，列举那些继承罗马帝国帝位的皇帝们，上起哲学家马可·奥勒留（Marcus Aurelius）①，下至尤利乌斯·韦洛·马克辛诺（C. Julius Verus Maximinus）② 为例就足够了。这些皇帝包括马可、马可的儿子康谟多斯（Commodus）③、培尔丁纳克斯（P. Helcius Pertinax）④、裘里安·迪迪诺斯⑤、塞伟路斯（Severus）⑥、塞伟路斯之子安东尼努斯·卡雷卡拉（M. Aurelius Antoninus Caracalla）⑦、麦克林努斯（Macrinus）⑧、赫里奥嘉巴勒斯（Heliogabalus）⑨、亚历山大·马克西米努斯

---

① 马可·奥勒留（Marcus Aurelius，121—180 年），罗马皇帝（在位：160—180 年）。以信斯多葛派学说（禁欲主义）、迫害基督徒著称。

② 尤利乌斯·韦洛·马克辛诺（C. Julius Verus Maximinus），罗马皇帝（在位：235—238 年），残暴成性，最后被自己的军队所杀。

③ 康谟多斯（Commodus，169—192 年），罗马皇帝（在位：180—192 年）。残暴异常，喜欢与力士角斗，后因情妇及皇宫中他人使坏，他被大力士扼死。

④ 培尔丁纳克斯（P. Helcius Pertinax），罗马皇帝（在位：193 年）。拟整顿混乱军纪，后被哗变的叛军所杀。

⑤ 裘里安·迪迪诺斯（Julian，M. didilus Julanus），193 年，培尔丁纳克斯被杀后被拥为罗马皇帝，后被元老院处死。

⑥ 塞伟路斯（Severus，L. Swptimius，146 ~ 211 年）罗马皇帝（在位：193 ~ 211 年），曾在玛尔库斯及康谟多斯两位手下任将军职，后被军人拥为王。

⑦ 安东尼努斯·卡雷卡拉（M. Aurelius Antoninus Caracalla），罗马皇帝（在位：211 ~ 217 年）。塞伟路斯皇帝之子。曾与兄弟格塔争权夺利，后被麦克林努斯追随者所杀。

⑧ 麦克林努斯（M. Opilius Macrinus），罗马皇帝（在位：217 ~ 218 年）。贫困家庭出生，后被赫里奥嘉巴勒斯的追随者所杀。

⑨ 赫里奥嘉巴勒斯（Heliogabalus），罗马皇帝（在位：218 ~ 222 年）。此人既残暴且愚蠢，19 岁时，即被军队所杀。

(Maximinus)。[1]

首先应该提醒人们注意的是：在别的国家里，君王只需要同那些野心勃勃的贵族和傲慢不逊的人进行斗争就足够了，可是罗马的皇帝们却遭遇到第三种困难：必须容忍他们的军队的残暴与贪婪。这个问题经了多少代始终没有得到应有的解决，历史上有许多皇帝垮台的根源也在这里。要想让一个君王同时满足军队和民众这的确是困难的。这是因为民众酷爱和平，所以总是喜爱温和谦逊的君王；而另一方面，军队却喜欢具有尚武精神的、既残暴又贪婪的君王。

军队希望君王用后一种德行对待人民，使自己能够获得加倍的军饷，让自己的贪心和残酷性得以满足。因此，那些皇帝，或者由于上代没有给他创造什么足以依赖的声誉，或者由于自己没有能力为自己树立崇高的声誉，最终无法统治军队与民众双方，因此他们的终极总是走向灭亡。而且他们当中大多数君王，特别是那些新登帝位的君王面对这两种不同类型的人时，常常用尽心机去满足军队，而把民众的利益置之度外。这种做法是形势逼迫的结果，因为君王无论怎样行事都不可能不受到某些人的仇恨，所以他首先必须避免受到民众的怨恨；他不能够做到这一点时，也必须尽最大努力避免受到最有势力的人们的怨恨。

新登帝位的皇帝们因为需要特别的帮助，于是求助军队远胜求助民众的效果好。这种做法对君王是否有益处，那就要看君王是否在军队当中为自己树立了崇高的威望和声誉。

马可、培尔丁纳克斯和亚历山大，这些全是温和谦让的人、正义的热爱者、残暴的敌人、既人道又善良的人。但是，由于上述的原因，另

---

① 亚历山大·马克西米努斯（C. Julius Verus Maximinus），罗马皇帝（在位：222～235年），残暴，虐杀成性，终为自己部下在一次暴动中所杀。

外二人都落得个悲惨的结局。

马可是生与死都享有最高荣誉的唯一的一个人。他根据世袭权利继承了王位，因而他与军队或人民没有构成利害冲突。尤其值得一提的是，他具有许多深受人们尊敬的美德。终其一生，他一直使军队和民众各安守本分，他既没有招人怨恨，也没有引起人们轻视。

但是培尔丁纳克斯被选立为皇帝却是违反军队的意愿的。那些军队在先皇康谟多斯皇帝时代就过惯了放纵的生活，现在培尔丁纳克斯想要约束他们昔日骄奢淫逸的生活，他们当然受不了，于是抱怨的情绪应运而生。加之由于培尔丁纳克斯已届垂暮之年，愈加为人所轻视。因此，他执政刚刚开始就面临覆亡的悲剧。

我还想提醒人们注意的一个问题是，如同恶行会招致憎恨一样，善行也会招致憎恨。所以，如我上面所说，君王为了维护自己的国家的尊严往往被迫行恶；为了保有国家及其地位，那些人——无论民众也好，军队也好，贵族也好——即使已经腐化堕落，君王也要用尽一切办法来满足他们。这种情形下的善行与恶行有何不同呢？

让我们再来讨论亚历山大的结局吧！我们承认亚历山大是一位非常善良的人，他做了许多受人赞扬的事情。其中尤为令人赞叹不已的一件事，即在他统治的 14 年中，不曾有一个人未经审判而被他处死。然而，亚历山大是一个懦弱无能的人！是一个听任自己的母亲支配的人！于是，人们普遍轻视他，终于组织起军队并发动兵变，把他杀死了。

相反，康谟多斯、塞伟路斯、安东尼努斯、卡雷卡拉和马克西米努斯等人，与上述二人所为截然不同。不难发现，他们全是最残酷、最贪婪的皇帝。他们不惜以各种手段危害民众，以便让军队得以满足，最终的结局都很悲惨。在以上诸多皇帝中，只有塞伟路斯幸免落入可悲陷阱。

塞伟路斯非常能干，他虽然压迫民众，可是他始终能够称心如意地统治着他的国家。塞伟路斯才华横溢，他在军队和民众的眼中是一个传奇式的人物，既能使民众对他产生恐惧，又能使军队对他百般尊敬。如此说来，作为一个新君王，他的治国办法无疑是伟大非凡的。

我还想费点笔墨说明塞伟路斯是怎样成功运用狐狸与狮子的兽性本领的——我在上面说过，这二者都是君王必须具备的。

塞伟路斯因为知道尤里亚诺皇帝怠惰昏庸，便说服他所统率的驻在斯拉沃尼亚①的军队，要它相信进军罗马替那个被罗马禁卫军杀害的培尔丁纳克斯复仇是正当的。在这个幌子之下，他没有泄露出自己对帝位的觊觎之心，就向罗马进军。当人们还在做着甜甜的美梦的时候，他已经胜利抵达意大利。塞伟路斯一到罗马，当地元老院就心惊胆战了，他们趁机杀掉尤里亚诺，把塞伟路斯选为皇帝。

以后，塞伟路斯意欲成为整个帝国的主宰。为了达到这个目标，他还面临着两大困难：在亚洲，亚洲军队的统帅尼格林努斯②已在那里自己称帝；在西方，有个阿尔宾诺③在那里，正在执政，也觊觎帝国。

在这种情况下，塞伟路斯对自己的形势作了充分的考察，认为，如果暴露自己，同时与二者为敌是危险的。有鉴于此，塞伟路斯采取了双管齐下的策略，一方面决心袭击尼格林努斯，另一方面对阿尔宾诺则进行欺骗。于是他给阿尔宾诺写了一封信，态度极其诚恳地说，他被元老院选为皇帝，但愿意同阿尔宾诺共同享受这个尊荣，所以赠送后者以“恺撒”的称号，并且由元老院决定，加封后者作为他的罗马帝国的同

---

① 斯拉沃尼亚（Slavonia），在今日南斯拉夫境内。

② 尼格林努斯（Nigrinus），194 年称帝，195 年被士兵所杀。

③ 阿尔宾诺（Albino）。193 年称帝，197 年被杀。

胞。不幸的是，阿尔宾诺竟信以为真。塞伟路斯打败并杀死了尼格林努斯之后，东方的后顾之虑随之消除了。塞伟路斯回到罗马，就向元老院申诉说，阿尔宾诺忘记了从他那里获得的恩惠，正在使用阴谋诡计企图杀害他，因此，他必须对阿尔宾诺的忘恩负义加以惩罚。其后，塞伟路斯在法国找到了阿尔宾诺，最终剥夺了阿尔宾诺的政权，连同阿尔宾诺的生命。

我们详细地研究塞伟路斯的所作所为时，就会察觉塞伟路斯既是一头最凶猛的狮子，又是一只极狡猾的狐狸。每个人都敬畏他，军人也不敢憎恨他。他作为一个新人物，却能够很好地把守这个帝国，这是不足为奇的。因为他享有的最高的声誉，使他能够消除人民由于他的掠夺行为可能产生的种种憎恨。

塞伟路斯的儿子安东尼努斯·卡雷卡拉也是一个非常卓越而有天赋的君王。他既受到人们的普遍敬仰，又受到军人的热情欢迎。作为一个尚武之人，安东尼努斯最能忍受一切艰难困苦，从不为金钱、美色和任何其他奢侈品所动，这一点使他赢得全体军人的忠诚爱戴和拥护。但同时，他又是一头狮子，他的凶暴残忍的程度比起他的父亲真是有过之而无不及，甚至可以说是前所未闻的、惊心动魄的，也是惊天地、泣鬼神的。夺取王位之前，他杀人不计其数，其后又杀害罗马大部分居正民和亚历山大里亚城市的全部居民，从而激起了全世界人的愤怒和震惊。最终他成了他自己的部队中的一个“百人队”队长的刀下鬼。

任何人只要不怕死，都能够蓄意加害于君王，对于这样的情况，君王根本无法幸免于难。即使既是狐狸又是狮子的安东尼努斯也不能逃脱这样的厄运。但是我认为，君王用不着为此忧心忡忡，因为这种方式的死毕竟是极罕见的。他仅仅需要特别留意的是不要伤害服侍他的人，为他的国家披肝沥胆做出贡献的人。由此可见，安东尼努斯的所作所为实在令人不敢恭维。他残暴地把那个“百人队”队长的兄弟杀死了，之后又不断地对这个“百人队”队长进行恐吓、威胁，与此同时又仍然继续让他担任自己的禁卫队长。正如事实所证明的，这种做法极其冒失，且最终导致引火烧身的悲剧。

且让我们谈谈康谟多斯吧。因为他是以马可的太子身份根据继承权而享有帝位的。按惯例，他只要秉承他父亲的衣钵，使民众和军队满意，他就能够很容易稳坐帝王的宝位。但是，他秉性残忍和野蛮，为了自己能够鱼肉人民，就故意卖好军人，怂恿他们放纵不羁、为所欲为；另一方面，他放弃自己作为皇帝的尊严，常常去竞技场同搏斗者格斗，并且做出其他卑鄙的、同皇帝的尊严极不相称的事情。因此，他受到士兵轻视。就这样，他既被民众憎恨，又受士兵的蔑视。人们终于合谋反对他，把他杀害了。

现在，还要谈的是马克辛诺的德行。

马克辛诺是一个对作战乐此不疲的人物。前面说过，军队对优柔怯懦的亚历山大皇帝感到深恶痛绝，于是把亚历山大皇帝杀死而选举马克辛诺做了皇帝。可是，马克辛诺却不能长时期地保持帝位，这是因为他有两件事情使他为人所憎恨，为人所轻视。第一件是他的出身极其卑贱——他曾经在特拉瑟牧羊，这件事妇孺皆知，在每一个人的眼中都是很不体面的；另一件是他在继承统治权的时候，并不立即去罗马登基，却让他手下的行政官在罗马帝国及其周边地区，干了许多极残暴的事情，从而使自己身败名裂。

这样的结果，不但使全世界人对他的出身卑贱深表轻蔑，而且对他的残暴野蛮的行径也都深恶痛绝。世界各地都在酝酿暴动的事情。非洲率先反对，其后是罗马的元老院和全罗马的人民乃至整个意大利都合谋反对他。他自己的军队也加入谋反的行列。当时他的军队围攻阿奎列亚未果。此时，士兵们对于他的残酷感到恼恨之极，同时发现他的仇敌是如此之多，也就不太害怕他，于是把他杀死了。

赫里奥嘉巴勤斯、麦克林努斯、尤里亚诺斯等人，他们都是十足可鄙可憎的，所以很快就被消灭。出于对本章篇幅的考虑，在此我就不再多作评说。但是我想就上面的论述作个归纳。

我认为，我们这个时代的君王们要使自己政府的军队得到满足，比起罗马帝国时期的皇帝来说，已经是容易多了。当今任何一位君王都没有一支军队像罗马帝国的军队那样，同政府和地方行政当局一样有着根深蒂固的连带关系。如果说，在罗马帝国时代，满足军人比满足人民更有必要，那么现在所有的君王（除了土耳其皇帝和苏丹[①]之外），与其说先满足军人，毋宁说先满足人民，因为后者的力量是全民的，所以它必定超过前者。

我把土耳其皇帝排除在外，是因为他身边经常拥有一万二千名步兵和一万五千名骑兵，土耳其王国的命运就操纵在这些军队的手中。因此君王必须把老百姓的一切事情置于脑后，而竭尽所能同军队保持友好的关系。苏丹统治的王国[②]情形与土耳其大同小异。这个王国也完全受制于军人。因此，苏丹也可以抛开人民的利益而不顾，但必须同军人保持友好关系并取悦于军人。值得注意的是：同其他一切君王国相比，苏丹

① 篇中是指君士坦丁堡的苏丹和埃及的苏丹。1517 年埃及王国合并于土耳其。

② 此处所称苏丹统治的王国，它完全在著名的骑兵队（Mam Malucehi）控制之下。

独具风格。苏丹既不能称作世袭君王国，亦不能称作新的君王国，而完全承袭了天主教的教皇制。因为君王的子孙并不作为继承人继续统治王国，王位继承人是由享有特权的人们选举出来的人，这是一个古老的惯例。所以，虽然君王是新的，可是这个国家的秩序却是旧的。新君王俨然是世袭君王。

最后让我们回到本题吧。我想，任何人只要思考以上论述，他就不难看出罗马皇帝们灭亡的原因不是由于仇恨，就是由于轻蔑这个规律。并且还会认识到：在那些皇帝当中，若干人照此行动，若干人则依彼行动，但是在每一种行动中，只有君王可以坐收渔利，其余的人则以不幸告终。因为对于同是新君王的培尔丁纳克斯和亚历山大来说，想要模仿那个根据继承权世袭王位的玛尔库斯，步其后尘，不但徒劳无功，而且是有害的。同样，对于卡雷卡拉、康谟多斯、马克辛诺来说，想要模仿塞伟路斯是极其危险的事情，因为他们没有足够的能力使自己能够模仿塞伟路斯。他们只能从塞伟路斯那里学来建国之需，再从马可那里掌握保国之本，才能使自己的国家基业屹立不败。

第二十章　论建筑城堡利弊，兼论君王日常事务

为了坐稳江山，牢固地统治国家，君王们竭尽自己所能：有的解除了他们的属民的武装；有的把所属的各个城市一分为二；有的故意树对

立派反对他们自己；有的心血来潮，努力争取那些于建国之初未曾受重用且未曾受信任的人；有的大兴城堡；有的破坏并摧毁城堡。显然，对于君王们这一切五花八门的举措，若要做出确定性的判断，除非深谙了这些国家做出上述相应举措的具体原因和步骤，否则只能是徒劳的。

下面我想就这个问题本身所允许的范围作些探讨。

解除属民武装，这是任何一位新君王不曾开过的先例；恰恰相反，君王察觉到他的属民涣散的时候，总是把他们集中武装起来。君王把属民武装起来，也就等于武装了自己。也就是说，过去持怀疑态度的那些人现在就成了君王的忠实的追随者，而那些原来就是忠贞不贰的人现在就可以保持忠贞不渝，进而成为君王的热烈拥戴者。当然，事实上君王无法把所有的属民都武装起来的。因此，当君王把一些人武装起来，这一部分人就会感到蒙恩受惠，进而鼎力协助你对付那些未曾武装起来的属民。前者由此认识到这种待遇的差别，从而对你更加感到有报恩之责；而其他人会谅解你，因为他们断定，那些冒着更大危险、负有更大责任的人，理应获得更大的奖赏和报酬。但是当你把他们武装解除之时，也就是你招惹他们的憎恨之时，你的这种举措足以表明要么由于胆怯，要么因为缺乏信义。这两条意见无论哪一条都孕育着人们对你的憎恨。但是你不能够永远没有武装，面临实际情况时，你终于不得不依赖于雇佣军，而雇佣军的性质已见前第十二章所述。即使雇佣军再好，他们也不能够保证对付一心想轰你下台的敌人和心怀敌意的属民。

总而言之，任何一位新君王总是热衷于整军经武。这样的事例，在历史上不胜枚举。

当一位君王取得一个新的国家，如同新肢接合于它的旧肢体，那就必须解除这个国家原来的武装，使得这个国家的全部武器都掌握在你的士兵手中，而这些士兵又必须是积极拥戴你的。

我们的祖先和那些被认为深有城府的人们常说，保有皮斯托亚市并必须利用党派之争，而保有比萨却必须凭借城堡①。他们抱着这个想法，在他们所属的某些城市煽起纷争，将其控制在自己的掌心之中。在那种日子里，意大利保持着一定程度的均衡状态，这当然是做得对的。但是我不相信这可以作为今日的一条箴规；我不相信这种分裂会有什么好处。恰恰相反，当敌人迫近的时候，那些城市越加容易丧失。因为较弱的一派总是投靠外国的军队，而其余的部分就站不住脚了。

我认为，威尼斯人基于前述的理由，在他们那些附庸城市中酿出果勒甫人（Guelphs）和吉贝林人（Ghibellines）两个敌对的势力②；威尼斯人虽然不让这些派别冲突到流血的地步，但是却在他们当中不断地制造争端，使那些市民们怨声载道，最终无法联合起来反对威尼斯人。然而正如我们看见的，这样做的结果对他们没有利，因为当威尼斯人在维拉战败之后，这些城市的属民当中的一部分人趁机鼓起勇气，从威尼斯人手中夺取了整个国家。这就足以表明，在一个势力强盛的君王国里，绝不允许任何形式的分裂，因为分裂会使君王的力量显得相当薄弱。但是到了和平时期，这种策略用好了，就有了用武之地，君王借此可以比较容易地驾驭属民。但是当战争到来的时候，这样的政策，其谬误和弱点也就暴露无遗。

---

① 皮斯托亚这个城市十余年中分成两派，由于两派战事不休，导致流血、焚烧房屋、掠夺财产以及各种敌对行动。后来佛罗伦萨人采取镇压手段，皮斯托亚才得以安定。参看《李维史论》。

② 果勒甫和吉贝林是第12—15世纪意大利两大对立的政治派别。果勒甫派一般支持教会，多数人从事工商业，此派以佛罗伦萨、波洛尼亚的米兰为代表；吉贝林派与前者对立，支持神圣罗马帝国的皇帝，大致过着贵族的生活，从军。

毋庸置疑，当幸运之神要使一位新君王成为伟大人物的时候，新君王比一位世袭君王更加需要获得盛名。这样一来，幸运之神就给他树立敌人来反对这位新的君王，并借所树之敌让新君王有充分的理由去战胜他们，并以此让他步步高升，青云直上。因此，许多人认为，一个英明的君王一有机会，就应该诡谲地树立某些仇敌，以便把他制服，从而使自己变得更加伟大。

君王们，尤其是新君王们，终于发现了在新国家建立的时候，被认为心怀敌意的人比被看作值得信赖的人对自己更加忠诚、更加有用。潘多尔福·佩特鲁奇（Pandolfo Petrucci）[①] 这位锡耶纳的君王治国就是多得力于他过去认为心怀敌意的人，而少得益于那些曾已被信任之人。但是我们不能够就此下定论。任何事都必须因具体情况而异，因人不同。我要说的只是，有些人在国家肇始的时候是表现出敌意的，而同时又需要获得君王的支持以保持其地位，那么新君王往往很容易赢得他们；而且，他们因为急于改变自己留给新君王的坏印象，就不得不立即投入行动之中以便竭忠尽志地侍奉君王。这样一来，君王从他们那里得到的利益，也往往会比从自己的亲信那里得来的多，因为后一种人总认为自己的名誉地位已是有人呵护，他是安全的。

再者，我还要谈及与此相关的问题。我不得不提醒那些依靠当地人的拥戴而跃登皇位的君王：那些拥戴君王登位的人到底出于何种动机而这样做？如果这不是出于对君王的自然的情感，而只是由于前君王犯上了众怒，那么新君王要永葆他们成为自己朋友就会遇到许多困难，因为新君王不可能短时间内就样样满足他们。如果参

---

① 潘多尔福·佩特鲁奇，1502 年自立为锡耶纳的统治者，是佛罗伦萨的一个不可信赖的同盟者，1503 年被驱逐，其后由于法国国王的支持再度执政。

阅古代和近代的历史，仔细考虑其个中原因，他就可以看出，要赢得那些对前政府信任因此成为自己敌人的人们作为新的朋友，比那些由于对前政府不满因此成为自己的朋友并支持自己去征服它的人们是更为容易的事！

为了抵御外辱，保卫国家，历代的君王们已习惯于以建筑城堡来对付那些企图推翻自己政权的势力，并且以之作为安全避难所。我十分赞赏这种方法，这是自古以来就通用的。然而在我们时代里，梅塞尔·尼柯洛·维泰利（Messer Niccolo Vitelli）破坏了卡斯特洛市的两个城堡从而保住那个国家[①]。还有，乌尔彼诺公爵圭多·乌巴多（Guido Ubaldo）[②] 回到他过去被切萨雷·博尔贾逐出的领地，他把该城的所有城堡夷为平地。他认为如果没有这些城堡，他再度丧失他的国家就不容易了。而且，本迪沃里奥（Bentivoglio）回到波洛尼亚的时候[③]也采取了同样的做法。总之，城堡是否有益，要根据情势来分析。在这种情况下可能对你是有利的，那么在那种情况下可能对你是有害的。

因此，关于这个问题可以这样说：一位君王如果害怕人民更甚于外国人，他就应当建筑城堡；如果他害怕外国人更甚于人民，他就应当摧毁城堡。弗朗切斯科·斯福尔扎所建筑的米兰的城堡，已经给并且将来还要给他的家族造成损害，在这种情况下城堡的害处更甚于该国的其他一切暴乱。所以，君王建筑城堡最好不要被人民憎恨。因为即使你拥有城堡，如果人民憎恨你，任何城堡都保护不了你。人民一旦拿起了武器

---

① 梅塞尔·尼柯洛·维泰利，保罗和威得洛佐的父亲雇佣军队，由于教皇西斯托四世死亡，1482 年收复了卡斯特洛市（Citta di Castello）。执掌了该市的主权。

② 圭多·乌巴多，乌尔彼诺公爵，1503 年收复了乌尔彼诺。

③ 本迪沃里奥，于 1506 年被尤利乌二世所驱逐，于 1511 年重新恢复了对波洛尼亚的主权。

对付君王，外人就乘虚而入，这个后果显而易见。

如今，我们已经看到城堡很难使一位君王得益，只有福尔里伯爵夫人（Counutess Forli）在她丈夫季罗拉莫伯爵[①]死后的情况例外。因为她使自己逃过了来自民众势力对她的攻击，后来等到了来自米兰的援助，她的国家得以恢复，而且当时那里的情况是外国人不可能帮助她的人民。但是，后来当切萨雷·博尔贾出击她，她的反对者同外国人联合起来的时候，她就发现她的城堡毫无作用。因此，对她说来，与其拥有战事攻防的城堡，不如取信于民。

考虑了所有这一切事情，我称赞建筑城堡的君王，也称赞不建筑城堡的君王；我只对那种仅仅依赖城堡而视本国人民的仇恨为无足轻重的君王毫无顾忌地加以谴责。

第二十一章
君王应怎样做才能受人尊敬

君王赢得世人的尊敬，最佳的做法莫过于做出惊天动地的伟业以及将自己个人的卓越才能尽情地施展出来。阿拉贡国王费尔迪南多〔二世〕，也就是当今的西班牙国王，堪称一个典型。他凭借自己的威名与

① 福尔里伯爵夫人，当她的丈夫福尔里伯爵季罗拉莫（Girolamo Riario）在1488年被暗杀后，取得在福尔里的权力，直到1500年该城被切萨雷·博尔贾占领。

荣耀，从一个名不见经传的君王，一跃而成为基督教世界中声名远扬的首席国王，真正称得上是一位新君王。假如我们对费尔迪南多二世的举措进行一番深入的考察，就不得不为他那最伟大、最完美、最卓越非凡的治国才能而惊呼叫绝。登位伊始，他带兵进攻格拉纳达，获得了成功，从而奠定了他的国家的基础。一开始，他从容不迫地行事，不论遭到任何阻碍都毫不畏惧。他使卡思迪勒的贵族们的精神全部灌注在攻打格拉纳达战争的高度兴奋状态中，而把有关革新的事情置诸次要的位置。在贵族们丝毫没有察觉的情况下，他赢得盛名和支配贵族的统治权。他凭借教会和人民的资金建立了一支精锐的军队，从而奠定了长期作战的坚实基础。正是这支军事武装力量一直给他带来了莫大的荣誉。除此之外，为了更好地实现宏伟的目标，他常常披上宗教的外衣，乞求神灵于宗教上的残暴，把马拉尼人（Marrani）[①] 掠夺一空并且从西班牙王国驱逐出去。在世界上，还有什么事比这件事更悲惨、更罕见的呢？之后，费尔迪南多如法炮制地进攻非洲，征伐意大利，最后进攻法国。[②] 就这样，他精心周密地安排好一场又一场战争，并因此让他的臣民始终处于戒备状态与惊叹之中，促使臣民与他自己一起都来关注每一件大事的结局。他的这些行动都是一个接一个地连续进行的。在这一行动和另一行动之间没有一点空隙，人们没有任何机会来从容不迫地组织起反对他的活动。

此外，作为君王，就应该像米兰的贝尔纳波（Messer Bernaboof Mi-

① 对穆斯林和改信基督教的西班牙的希伯来人带有侮辱性的称呼。他们在1501—1502 年被驱逐出西班牙，以后并多次被赶逐。

② 在对北非的远征中，1509 年费尔迪南多曾占领其沿岸；如前所述，他为了同法王路易十二瓜分那不勒斯王国而入侵意大利。后又重新转向非洲以取得伦巴第。

lan)[①] 那样做出惊人之举。每当遇到社会生活中不寻常的事情——无论是好事还是坏事，君王就把握一切机会在内政管理方面作出出色的成绩，制定出人们必定津津乐道的关于奖励或惩罚的方案。这对于君王是极其有利的。而最重要的是，君王必须依靠他的实际行动去赢得杰出与非凡的赞誉。

作为君王，他或者做人们的真正朋友，或者做人们的真正敌人，就是说，如果他敢于公开表示自己毫无保留地支持某方或反对某方，这位君王必然会受到尊重。保持中立态度未必都能见效。两个强大的邻国互相打起仗来的时候，情况必定是这样：它们当中的一国取得了胜利，你要么害怕这个战胜国，要么不害怕它。无论将来出现哪一种情况，你公开宣战并且勇猛地参战总是有利无害的。如果你不公开表态，最终也会成为那个胜利者的战利品，而战败者也因此讥笑你。遇此情形，你还提不出任何言词替自己申述理由，或者使人荫庇你。那个胜利者根本就不需要当他处在逆境时不愿意伸手援助的朋友；而那个失败者当然也不会荫庇你，因为你过去不曾拿起武器与他并肩作战。

为了阻止罗马人进入希腊，安迪奥克斯（Antiochus）[②] 应叙利亚埃托里亚人（Aetolians）的召唤，派遣使节们到罗马人的朋友——阿卡亚人（Achaens）那里，呼吁他们保持中立。与此同时，罗马人却敦促阿卡亚人拿起武器做他们的盟军。这件事情被提到阿卡亚的会议上进行审

---

① 贝尔纳波（1354—1385 年），米兰公爵。此人以残暴和行为怪异出名，他在政治上的能力和敏锐性也是突出的。

② 安迪奥克斯（Ahtiochus the Great，公元前 223 ~ 前 187 年），叙利亚国王，曾不断与罗马人发生战争。

议，安迪奥克斯的使者在会议上劝说阿卡亚人保持中立。对此，罗马的使者回答说："这些人所说的要你们不介入战争，这同你们的利益相差十万八千里。如果没有友谊，没有尊重，你们将成为胜利者的战利品。"①

事情总是这样：他如果不是你的朋友，就要求你采取中立；而他如果是你的朋友，则要求你拿起武器公开表态。但是，为了避免当前的危难，那些优柔寡断的君王常常所选择的却是中立之路，因而常导致被人毁灭的悲剧。相反，当君王明确地表态支持一方并联合作战时，结果这一方获胜了而变成了强有力者，你要听他支配，但是他对你仍然负有一种义务，因为他已经同你建立了友好的关系；而且只要是正常的人，他绝不会卑鄙到竟至于如此公然忘恩负义地反咬你一口的地步。再说，胜利者也不至于抛开正义，退一步说，即使你支持的一方同盟军失败了，你仍然会受到他的关怀，因为你已经成为他东山再起的唯一可靠的朋友。

如遇第二种情况，也就是说当你对于交战的双方无论哪一方获胜都不害怕的时候，你就必须更加审慎考虑支持哪一方。因为这实际上是你在利用一方来消灭另一方——而此一方假若是明智的话，不能不去拯救那个被击败者的。如果此一方得胜了，他就得听你的使唤；而凭借你的帮助，他是完全能够获胜的。

但必须特别指出：除非形势所迫，万不得已，正如上面所论述的，君王绝不要为了进攻别国而同一个比自己强大的国家结盟。因为即使你

① 此处见李维著《罗马史》。

在那样的战争中获得了胜利，你和俘虏也没什么两样。君王应当竭尽所能地避免自己陷入任人摆布的处境中去。当年威尼斯人同法国人联盟反对米兰公爵，但是他们结成这种联盟都导致了自己的毁灭。但是当君王不应该避免与强国结成联盟的时候，就像教皇和西班牙出兵攻击伦巴迪时佛罗伦萨人的情况，那么他就必须联手其中较强的一方共同作战。

任何一个君王都不能够认为自己总是高高在上，是不可一世之人；恰恰相反，他倒是应当预料自己只能选择一条曲折的道路。世间的事情通常是：天有不测风云，人有旦夕祸福。人们说不定在刚刚躲过一种不利的同时，又遭到另一种不利的困厄。因此，君王应当明智地采取谨慎之道，识别各种不利的因素，进而选择害处最少的作为最佳的途径。

君王必须表明自己是一个珍爱才能的人，能够重用那些出类拔萃、才智超群的杰出人才，并且对各个行业中杰出的人物授予荣誉。此外，他必须激励他的公民在商业、农业以及其他一切职业上，能够安心地从事他们的工作。这样就可以让一些人放心地建设自己，增加收入，而不必担心自己的财产被没收；而让另一些人开拓行业，不至于因为赋税而缩手缩脚。君王对于愿意从事这些事情的人，以及试图以任何方法发展他的城市或国家的人都应该加以鼓励。

除此之外，君王应当在每年适当的时日，允许人民欢度节日和赛会。同时，由于每个城市都分为各种行会或者部族集团，因此君王必须重视这些社会集团，抽些时间会见他们，施以君王的谦虚有礼和宽厚博济。但是必须特别指出的是，君王必须保持他的至尊地位和威严，而且这一点在任何场合都是不允许有丝毫疏忽的。

第七篇

当权人

第二十二章 论君王的大臣

对于君王来说，挑选大臣，实在是一件至关重要的事情。选出的大臣是优是劣，取决于君王是否聪明睿智。人们对于一位君王及其能力的第一个印象，就是通过对他左右的大臣的观察得来的。如果左右的大臣是有能力的而且是忠诚的，那么君王就会被认为是聪明睿智的，也只有聪明睿智的君王才懂得哪些是出类拔萃的能者，才懂得怎样做就可以让臣子们忠心耿耿、始终不渝。相反，如果大臣们既无才能，又不忠诚，人们就往往会对君王做出庸腐的推断，这是因为君王在选用大臣方面犯了错。

大凡知道锡耶纳君王潘多尔福·佩特鲁奇的大臣是安东尼奥·达·韦纳弗洛[①]的人，没有谁不认定潘多尔福是一位最卓越的最精明谨慎的君王，因为他把安东尼奥作为自己的大臣。人的头脑有三类：一类是凭借自己就能理解；另一类是它能够辨别别人所说明的事情；第三类是既不能自己理解，也不能理解别人的说明。第一类是最优秀的，第二类也是优秀的，第三类则是无用的。因此，这样说必然是合适的：如果潘多尔福不属于第一类，也能属于第二类，因为任何人尽管缺乏远见，但是

① 安东尼奥·达·韦纳弗洛（Messer Antonio, Da Venafro），锡耶纳统治者潘尔多福的顾问兼使臣。

如果对于他人的言行是好是坏具有鉴别力，他就能够识别他的大臣所作所为的善与恶；大臣就不敢指望蒙骗他，因而对君王就不得不唯命是从，以示忠效了。

但是，君王怎样才能识别一位大臣是忠臣还是奸臣？这里有一条屡试不爽的方法，那就是，如果你察觉该大臣考虑自己的个人利益超过了考虑他人的利益，在他的一切行动中只是为追求他自己的利益，那么这类大臣就绝不是一个好的大臣，君王绝不能信赖他；因为国家操纵在他的手中，他就不应该想着他自己，而应该只想着国家和君王，并且绝不想及同国家和君王风马牛不相及的事情。

另一方面，为了使大臣保持忠贞不渝，君王必须常常想大臣之所想，既尊敬他们，又使他富贵而有报恩欲；既让他分享荣誉，又要他分担职责。要让大臣知道，是君王给了他所有的财富、地位和荣誉，除此以外，大臣不应该有任何的非分之想。因此，君王和大臣们的关系是处于这样一种情况的时候，他们彼此之间就能够诚信相孚、相敬如宾。否则无论对君王还是对大臣乃至国家，都会酿出悲剧。

第二十三章　论如何远离谄媚者

我不愿意把一件极其重要的事情略去不谈。在这件事情上，君王倘若不是十分审慎或者不能做出准确的判断，他们就很难保证自己不栽跟头。这里我所指的就是来自谄媚者的危险。朝廷里往往不乏谄媚者。因为人们对自己的事情是如此自满自足、沾沾自喜，如此沉湎自欺，以致他们难以防御这种来自谄媚者而出现的种种事端。况且，如果他们想防御，他们就要冒着被人轻视的危险。一个人要防止别人阿谀谄媚，最有效的办法，无非是准许人们对你讲真话。但是，当别人可以对你讲真话的时候，对你的尊敬就减少了几分。

那么怎么办呢?

我这里可以为君王推出第三种方法，也就是说在自己的国家里选拔一些有识之士有限定地参议国家大事，特授予他们以和君王说话的充分的自由权，但只是就他所询问的事情，无须面面俱到。君王对于一切事情都必须咨询他们，听取他们的意见，然后按照自己的看法做出准确的决定。君王应该让所有向他提出忠告的人明白这样的道理：谁愈敢于面君直言，谁就愈受欢迎，谏言也就愈易被采纳。除此之外，他应该不再聆听别人的话；他推行已经决定的事情，并且对于自己的决定一以贯之。任何君王如果不按此行事，不是被那些谄媚者所毁，就是由于改弦易辙导致变革频繁，最终丧失作为君王应有的威信和声望。

我想引述当代的一个例子来说明上述的问题。当今的皇帝马克西米连（Maximilian)[①] 的宠臣卢卡（Luca，Bishop）神父[②]谈及皇帝陛下时说，皇帝从不咨询任何人的意见，而且又从不按照自己的愿望行事。这位皇帝所做的一切正好与我上面谈及的那些相悖。因为这位皇帝是一位好守秘密的人，他从不把自己的计划告诉任何人，也就听不到关于这些计划的任何参考意见。但是当他把这些计划付诸实施的时候，它们就开始为人们知悉和发现，并开始受到他周围人们的反对。于是这位皇帝又

---

① 马克西米连，1486 年当选为神圣罗马帝国皇帝，但从未加冕。

② 卢卡神父，马克西米连的大使，1507 年马基雅维利出使时直接认识。

轻易地改弦更张。结果，他今日所做的事情，到了第二天就推翻了；谁也不理解他想的是什么或者计划做什么。由于皇帝屡屡朝令夕改，此一时、彼一时地反反复复，所以到后来谁也不敢信赖他了。

因此，君王应该常常征求身边别人的意见，但是应该在他自己愿意的时候，而不是在他人愿意的时候。另一方面，对于他不征询意见的任何事情，他应该使每一个人都没有提意见的勇气。但是，他必须是一位好问者，经常不断地向各方征询方案；他必须是一位聆听者，倾听各方人士对于他征询意见时所说的一切真话。当遇到有的人不论出于任何原因，不把真话告诉他时，他应该立即表示愤怒。许多人认为任何君王赢得英明之誉，不是由于他的贤明，而是由于他身边有为他出谋献策的高级顾问。毫无疑问，这是一种自欺欺人式的论调。有一条颠扑不破的一般法则告诉我们：一位君王如果不是本人明智的话，他就不可能很好地获得忠告；要么他碰上了好运，他把自己寄托在某一个人身上并受其支配，而此人恰好是一个极其英明的人。在后一种场合，君王可能过得很好，然而日子过不了长久，因为那个支配者在短促的时间内会谋划把他的王权篡夺过去。但是，当所咨询的人不止一个人的时候，君王如果不明智，就绝不能够获得统一的忠言，也没有能力把忠言统一起来。再说那些顾问每个人都想着自己的利益，如果君王缺乏明智的头脑，就根本不能矫正或者洞察他们。情况就是这样的，当受到某种需要的驱使时，人们无不对你表示忠诚，否则，他们就会变成邪恶的代言人。

据以上所述，我们可以下如下断语：君王的贤明未必出自良好的忠言；而一切良好的忠言，不论来自何人，必然出于君王的贤明。

第二十四章　论意大利的君王们丧失国家的根本原因

作为新君王，如果能够审慎地做好我在上文所述的事情，就能够宛如旧君王一样让地位得以稳固，并且比立国久远的君王更加安全、更加坚固。在新君王与世袭的君王二者之间，人们普遍关注的是前者的行为。新君王如果在行为方面表现得卓有能力，就必然比古老的家族更有力地赢得人民，从而更紧密地把人们凝聚在自己身边。因为社会乃至人类的思维都是在不断进化着的，人们对新君王的要求自然要比旧君王更高一些。人们认定当前很美好，他们就心满意足。新君王在言谈举止上没有什么缺陷，人们就会竭尽全力拥护他。新君王凭借健全的法律、精锐的武器装备、可信的盟友和好的榜样，使这个新创立的国家繁荣昌盛和强大起来，他就会获得双重的荣誉。反之，一个依世袭之便当上君王的人，一旦不审慎而丧失他的君王国，他就会遭受双倍的羞辱。

在我们这个时代，意大利的几个君王，如那不勒斯国王、米兰公爵以及其他几个统治者，最终都丧失了他们的国家。我们详细地将他们的情形作一考察，就很容易地发现，正如第十二、十三、十四章已经详述的原因：首先他们的军队都有一个共同的缺陷；其次，他们当中有些人或者是被人民敌视，或者是受到臣民的蔑视，尽管人民对他们友善，但君王们却不懂得如何使贵族对自己尽忠效之力。君王们如果克服以上那些缺点，并且有足够的力量建立一支善于作战的军队，他们是绝不可能会丧失他们的国家的。

马其顿菲力普五世（Philp，King of Macedon）[①] ——不是亚历山大的父亲，而是被迪托·昆迪斯（Tito Quintius）所战败的那一个人——如果就兵力同攻击他的罗马人和希腊人相比，他并不曾拥有一支强大的军队。但是他是一个勇武的人，他知道如何交好人民，如何让贵族尽心效忠他。因此他有能力进行持久的战争，尽管最终他失去了某些城市的统治权，但是他仍然保有他的王国。

曾经享有王国多年的意大利的君王们，当你们丧失了国家，你们除了应该咒骂自己庸碌无能外，没有任何理由怨天尤人。在气候好的时候，即当国家风平浪静的时候，你们从不考虑可能出现的变化，就像在风和日丽的时候不想到暴风雨一样，到了有朝一日恶劣的气候来临的时候，你们不是挖空心思去防范敌人的入侵，而是千方百计地设计自己如何逃跑。你们希望人民在惨遭征服者凌辱之余，召唤你们回来——如果再没有别的法子，这个主意也不错。但是没有比寄希望于此而忽视其他补救之道更糟的了，任何人都不会心甘情愿地倒台，然而却相信有人日后会使他复位。哪种情况是否出现，都不会给你带来任何好处。因为这不是勇士所为，而是一种懦夫的防卫之道。要想可靠地、有把握地和持久地享有王位，只有依靠你自己，发挥你自己的能力。

---

① 马其顿菲力普五世（公元前220—前178年）。他在公元前2世纪初和公元前2世纪末曾两次同罗马人作战，终于在公元前197年战败。

第二十五章　论命运对人世的作用，兼论对抗命运

我不是不承认，有许多人向来认为，而且现在也仍然认为人世间的诸多事情是由命运和上帝主宰着的，以致人们凭借智慧谋虑也苦于无计可施，甚至连丝毫的补救之道也不可能有。因为他们断定在人世事务上辛劳是一种徒劳的付出，而只能一任命运的摆布。因为过去已经看到而且现在每天看到世间的重大事情的发生远在每个人的预料之外，所以这种观点十分盛行。

鉴于现实中的种种事情的发生，我有时在一定程度上也倾向于他们的那种观点。但是，我想我的自由意志未曾被完全抹掉。我认为：命运是我们行动的半个主宰，但是它留下其余一半或者几乎一半归我们支配。我把命运比作泛滥的河流之一，当洪水暴发的时候，其来势足能淹没原野、冲走房舍、毁坏土地、驱逐人畜。由此可见，人还是要屈服于洪水的暴虐之下，毫无能力抗拒它。事情尽管如此，但是我们不能因此得出结论：当天气好的时候，人们不能够修筑堤坝和水渠做好防备，待水涨的时候，让洪水顺河道宣泄，以致无力控制而泛滥成灾。

命运的情况正好一样。我们没有做好如何抵抗命运的准备的时候，命运就显示出它的威力，它知道哪里还没有修筑用以控制它的水渠或堤

坝，它就在哪里施展威力。如果你把眼光投向意大利，你就会看到它是一个既没有水渠也没有任何堤坝的平原，尽管它仿佛是变革的演出场，并且推动了这些变革的发生和进展。如果意大利像德国、西班牙和法国那样，早有适当的防御力量加以保护，这种“洪水”就不会给意大利带来什么大不幸，或者压根儿不会出现这种“洪水”。针对抵抗命运的一般性问题，我想这么谈论就已经足矣。

不过，我还得专门谈谈其特殊方面。

我要指出，我们看见某个君王曾经过得十分幸福，但很快却垮台了，而没有看见他在品质上或者其他特性上有些什么改变。我认为，之所以如此，首先是由于我在第七章、第二十四章中已经长篇地讨论过的那些原因。就是说，任何一位君王，只要他是完全听凭命运的摆布，命运变化之时，就是他垮台之日。我还认为，君王的做法顺应时代的发展规律，他就会得心应手；相反，如果他的行为与时代相悖，他就运气不佳。因为，人们在实现自已所追求的荣耀与财富目的时，所走的路各不相同，所用的方法也各异：有的小心翼翼，有的急躁冲动，有的施展暴力，有的依靠技巧，有的凭借忍耐。人们还可以看到：两个人做事都是小心翼翼，其中之一实现了他的目的，而另一个则失败；同样，两个脾气迥异的人，其一谨慎，另一个急躁，都一样成功了。其原因不外乎两个：一是他们的做法符合时代的潮流；二是他们的做法违背时代的潮流。总而言之，两个人虽然行动的方法方式不同，却取得同样的效果；而另外两个人行动相同，一个达到目的，而另一个却失败了。这就是我得出的结论。

盛衰的变化也是基于上述原因的：如果一个人采取谨慎、耐心的方式行动，时代与环境的变易情况说明他的行动是合适的，他就获得成功；但是如果时代与环境变了，可是他没有改变他的做法，等待他的就必然是失败。没有一个人如此谨慎小心地使自己能够适应这种变易，这是因为他无法改变天性的缘故。或许是因为走这条路让他亨通已久，他就不能说服自己走另一条道路。因此，一个谨慎的人到了需要采取迅猛行动的时候，他就不知所措，结果他就必然毁灭了。如果一个人能够随着时代和环境的改变而改变自己，良好的命运是决不会丢弃他的。

教皇尤利乌二世无论做什么事情都是那么迅猛；他的做法总是与时代和环境协调一致的，所以他总获得成功。请关注一下教皇尤利乌对波洛尼亚进行的第一次出征。当时焦万尼·本迪沃里奥还健在，因而威尼斯人不赞成这件事，西班牙国王也不赞同，尤利乌就同法国商议这项计划。然而，出于刚强和迅猛的个性，尤利乌亲自发动远征；而西班牙人和威尼斯人却举棋不定，呆若木鸡。西班牙人和威尼斯人是由于恐惧，而尤利乌二世却意欲重新取得整个那不勒斯王国。另一方面，教皇把法王拉过来跟着自己。法王善于伺机而变，他察觉尤利乌已经行动起来，并且盼望教皇成为自己的朋友，以便使威尼斯人俯首帖耳，也就自己认定：除非公开得罪教皇，否则不可能不给他提供军事援助。于是尤利乌以迅猛的行动实现了这一伟大目标，这是当时的任何一个教皇都没有这种胆略的，哪怕他凭借人间最高的谋虑。假使尤利乌像其他任何一个教皇那样谨慎行事，耐心等待各项条件都确定下来，直至万事俱备了才能够离开罗马，他所有的一切将前功尽弃。如此一来，法兰西王会有一千条推托之辞，其他的人对他也会产生一千种的忧虑。他的全部所为是属于这一类的，而且全都是很成功的。尤利乌的其他伟业，我在此无须多费笔墨。他的生命过于短促，使他没有经历过失败的教训，如果时光倒流，他以谨慎的态度行事的话，他就不可避免地毁灭了。但尤利乌绝对不会一反他的天性的。

因此，我得出的结论是：命运易变，人性难移。如果人们与命运同舟，他们就成功；而如果与命运违迕，他们就失败。我确实认为是这样：迅猛胜于小心谨慎。对于命运这个女神，你想要制服她，就必须鞭打她，冲击她。人们可以看到，命运女神宁愿让那些敢于行动的人们去征服她，而不愿被那些行动冷静者所奴役。因此，命运正如女子一般，乐意做青年人的挚友，因为青年人不囿于小心谨慎行事，他们血气方刚，办事迅猛，制服命运女神这差事对他们来说，实在不在话下。

第二十六章　奉劝将意大利从蛮族手中解放出来

当我全面地讨论了上面所论述的全部事情后，我的脑际就产生了一个疑问：如今的意大利是不是可以给一位新的君王授予荣誉？是不是有条件给一位贤明的有能力的君王提供一个机会，让他创建一个新秩序，给本国人民带来普天下的幸福安康？我认为，近年来发生的一切都是对新君王开创新事业有利的，我不知道什么时候比现在对君王的行动更合适。

正如我在第六章里所说过的，如果为了表现摩西的才华，必须使以色列人在埃及受奴役之苦；为了认识居鲁士精神的伟大，必须使波斯人受梅迪人压迫；为了表现提修斯的卓凡，必须使雅典人分散流离。那么到现代，为了让意大利也能出现一个天才人物，就必须使意大利沉沦到她现在所处的绝境：必须比希伯来人受奴役更甚，必须比波斯人更受压迫，必须比雅典人更加流离分散，以至于既没有首领，也没有秩序，既要受到打击，又要遭到劫掠，既被分裂，又被蹂躏，总而言之，就是要让她乱到一片狼藉的地步。

虽然最近在某个人身上可看到一线希望，使我们认为可能是上帝派来拯救意大利的。可是后来在他的事业登峰造极的时候，他被命运遗弃了。[①] 于是意大利仍旧缺乏生气，她等待一位人物将来能够医治她的创伤，使她不再受伦巴第的劫掠以及那不勒斯王国和托斯卡纳的勒索，并且把长时期抑郁苦恼的恨事一洗而净。我们看到她怎样祈求上帝派人把她从蛮族的残酷行为与侮辱中拯救出来。我们还看见，只要有人举起旗帜，她就准备好并且愿意追随这面旗帜。现在除了在你的显赫的王室之中，她再也找不到一个可以寄予更大希望的人了。这个王室由于它的好运和能力，受到上帝和教会的钟情，现在是教会的首脑，因此可以成为救世者的领袖。如果你想起我在上面谈到的那些人物[②]的行迹与生平，这件事就不是很难的。而且，虽然那些人物是稀世的、奇迹般的，但是他们毕竟是人，而且他们当中每一个人当时的机会都不如今日。上帝对他们的恩赐似乎还不如今日的人们。

伟大的正义事业是属于我们的。因为“对于必需战争的人们，战争是正义的；当除了拿起武器以外就毫无希望的时候，武器是神圣的[③]。”在这里，有极其伟大的心愿，在具有伟大心愿的驱动下，只要你的王室

---

① 指切萨雷·博尔贾。

② 指摩西、居鲁士、提修斯、罗慕洛斯。

③ 见李维《罗马史》。

采取我已经作为目标推荐的那些人的方法，这里就不存在什么困难。除此之外，现在我们还看见了上帝创造出的旷古未有的奇迹：大海分开了，云彩为你指出道路，石岩涌出泉水，天雨落入人间，一切事物已经为你的伟大抉择而复苏，余下的事情就由你自己去做了。上帝不可能包办一切，这就激励我们自己去珍惜和爱护我们的自由意志和应该属于我们自己的荣光。

倘若前面提到的那些意大利人从来没有一个能够实现我们希望能完成的显赫的事业；倘若在意大利的多次革命和许多战役中，意大利的军事力量似乎总是被人征服了，这并不是什么怪事，因为它的旧制度不好，而且从来没有人懂得怎样制定新制度。因此，让一个新近当权的人获得巨大荣誉的最佳方式，莫过于让他制定新的法律和新的制度。这些法律或者制度只要本身有优越性，就会使当权者赢得人们的尊敬和爱戴，而如今的意大利已不乏各种机会可以让能人任其表现。只要头脑清醒，四肢就有巨大的力量。事实上意大利人在力量、机敏和智力上是多么优异啊，不论是在决斗中还是少数几个人的肉搏中，他们都可以一扫众敌！然而，他们的军队却毫无建树。这一切都应归之于统帅的软弱。每一个人都自认为高明、天资聪慧，因而迄今没有一个人在能力和幸运这两方面出类拔萃，能够使其他人折服。乃至于近二十年里进行的一系列战争中，由清一色意大利人构成的军队都遇到最惨的败绩。关于这一点，主要的证据是泰罗之役，其次是亚历山大、卡波亚、热那亚、维拉、波洛尼亚和梅斯特里诸地的战争。

当你的显赫的皇宫决意效法我在前面提到的那些拯救国家的优秀人物，头一件事情就是在本国组织自己精锐的军队，作为任何一件事业的真正基础。因为自己组建的军队拥有更踏实、更真诚、更优秀的士兵，况且，尽管每一个人都各有专长，但是他们看到受君王的统一指挥并且由他授勋和款待的时候，就能精诚团结在一起。因此，为了防御外辱，意大利就应该凭借自己的实力立即筹建这样一支军队。

尽管瑞士和西班牙的步兵被人们认为是可怕的，但是它们二者都各有缺点，因为这种缺点，意大利的第三种部队就可以轻松地对抗他们，而且确信能够战胜他们。因为西班牙人对骑兵闻风丧胆，而瑞士人一旦在战斗中遇到同自己一样顽强的步兵的时候，他们就无所适从了。历史已经证明，将来的事实还要证明，西班牙人没有实力抗拒法国骑兵，而瑞士人则被西班牙步兵所消灭。尽管这后一件事迄今还没有成为事实，但是在拉文纳战役中①，已有了一个征兆：当时西班牙步兵同采取与瑞士人同样战术的德国军队会战，西班牙人靠他们身体敏捷和盾牌的帮助，英勇地冲向德军阵地，在德军长矛无能为力的情况下，成功地袭击德军，使德军没有任何招架之功。假使当时西班牙人不是受到骑兵的袭击，他们定会把德国人彻底消灭掉。因此，如果看到这两种类型的骑兵的弱点，就有必要创建一种新型的骑兵，它既能击退敌人的骑兵，又不需要害怕步兵。要做到这一点，就要制造武器和改变战术。我想，这一切就像新制度一样，定会给一位新君王带来名誉和崇高的地位。

这个时机万万不要再错过了，以便意大利经过长时期满目沧桑之后，终于能够看到她的救星出现。我无法表达：在备受外国蹂躏的一切地方，人们将怀着怎样的热爱，怀着怎样的复仇雪耻的渴望，怀着多么顽强的信念，抱以赤诚，含着滚动的热泪来欢迎他！什么样的门会对他关闭？有什么人会拒绝服从他？怎样的嫉妒会反对他？有哪个意大利人

---

① 拉文纳战役爆发于1512年。

会拒绝对他表示服从？野蛮的外辱控制对于我们每一个人都发出臭气了。所以，请你的显赫的王室，以人们从事正义事业所具有的那种精神和希望，去担当这个重任，使我们的祖国在她的旗帜下日月重光，在她的指示下，我们可以实现诗人佩特拉克[①]曾经下过的忠言：

正义有德的人们，将拿起刀枪，
驱赶蛮人的猖獗；
战斗不会很长！
因为古罗马人的勇气和荣光，
至今没有在意大利人的心中消亡。

① 佩特拉克（Grancesco Petrarca，1304—1374 年），意大利诗人，具有强烈的爱国主义思想。他和但丁曾经宣称，一个共同的意大利是她所有儿女的最崇高的奋斗目标。

附录　论马基雅维利

罗　素

文艺复兴时代虽然不曾产生出重要的理论哲学家，但它产生了一位政治哲学中最有名望的人物——尼柯洛·马基雅维利。人们从来是惯于被他所震骇的，而他有时也确实在惊世骇俗。不过，人们如果能跟他一样地摆脱掉假仁假义，那么，不少人也都能像他那样思想的。他的政治哲学是科学的与得自经验的，以他本人的事业经验为基础。他所关心的是要规划出一些达到目标的手段，却不问这些目标之为善为恶。不过有时候，当他肯让自己说出他所希求的目标时，这些目标却是我们大家都能赞成的。附丽在他这个名字上面的习见的丑诋，大多乃由于伪善者们的愤怒——这些人是最恨将坏事坦白认作坏事的。诚然，在他的思想中，确有许多真正需要批判之处，可是这些地方，不过是他那个时代的表现罢了。将政治上的不诚实，能如此诚实地在心智上加以思考，这在其他时代与其他国家中几乎不可能。除了马基雅维利所生息的时、地之外，能够做到这个地步的，也许只有在希腊，只有在那些从诡辩学派那里受了理论教育，并且在小国战争中受了实践训练的人们之间吧——这种进行于诸小国之间的战争，在古典时代的希腊，正犹之乎在文艺复兴时代的意大利一样，乃是个别的天才活动的政治伴奏。

马基雅维利（1469—1527 年），佛罗伦萨人，父为律师，不富，但亦不穷。当他二十余岁时，萨伏那罗拉统治着佛罗伦萨；萨氏的悲惨结局，显然给了马基雅维利以深刻印象，因为他后来说“一切武装了的先知都能够成功，而非武装的先知则归于失败”之时，就是将萨伏那罗拉作为后一类先知的例证的。在另一方面（即胜利了的先知们的一面），他举出了摩西、居鲁士、提修斯与罗慕洛斯。他没有提到基督之名，这是文艺复兴时代的典型作风。

萨伏那罗拉被处决以后不久，马基雅维利于 1498 年在佛罗伦萨政府中得到了一个小小官职。他一直干着这个差使，有时还做过重要的外交使节，直到 1512 年美第奇家族复辟。后来，因为他过去老是反对美第奇家族，遭到逮捕，但获开释，让他在佛罗伦萨附近的乡间过着退隐生活。因为没有别的事情可做，他才成了作家。他最出名的著作是《君王论》，此书写于 1513 年，是奉献给洛伦佐二世的，其目的在想赢取美第奇家族的宠幸。但事实上，他所谋不遂。该书所以有这样的论调，一部分也许由于这一个实际的目的使然。他的另一部较长的著作《论说集》写于同一时期，但很明显，它更倾向于共和政体，更具有自由精神。在《君王论》的开头地方，他说在该书中他将不谈到共和国，因为在别的地方他已经讨论过。因此，《君王论》的读者如果不参读他的《论说集》，对于马氏学说将会得到很片面的看法。

马氏既不能与美第奇家族和解，自只能继续写作。他的退隐生活，一直继续到他的死去。他逝世之时，正是查理五世的大军焚掠罗马之年。这一年，也可以称是意大利文艺复兴的终结之期。

《君王论》旨在从历史及当代大事中，发现出那些王国如何取得、如何保有以及如何丧失之道。15 世纪的意大利在这方面提供了大量例子——大的和小的例子都有。那时只有极少几个国王是合乎传统的，即使那些教皇们，很多位的获选也都只靠了腐败手段的玩弄。那时候，人们获得成功所遵循的规则，与后来比较安定时候所公认的种种守则不同。在那时，谁都不会震惊于残暴和背叛的；可是到了 18、19 世纪，一个犯了残暴和背叛罪恶的人就会失去走向成功的资格。也许在我们这个时代，又能够更好地赏识马基雅维利，因为我们时代中有几件最出名的事，其所以成功，却借助于与文艺复兴时代意大利所用过的同样卑鄙的手段。马基雅维利，以政治权术的艺术鉴赏家资格，许会欣赏希特勒的放火焚毁国会，欣赏他在 1934 年的清党以及他在《慕尼黑条约》签订后的背约行为。

教皇亚历山大六世之子切萨雷·博尔贾受到马氏的盛赞。博尔贾的任务是艰巨的：第一，他得让他的兄弟死去，以便他成为他父亲的王朝野心的唯一受益者；第二，他要假教皇名义，以武力征服一些地区，却又要使这些地区在教皇亚历山大死后属于他博尔贾本人，而非属于教皇国王；第三，他要操纵枢机会议，使他们推举出来的下一任教皇是他的朋友。他应用了高度技巧来追求这个目标。马基雅维利说，一位得国的新君应该从博尔贾的行为中去吸取教训的。诚然，博尔贾终于失败了，但他之所以失败，仅仅是“由于命运之最不寻常的恶意作弄之故”。事情是原来如此的：当他的父亲去世时，他本人恰好也正病危；当他的疾病痊愈时，他的敌人们却已组织好他们的力量，他的最大的对头业已被举为教皇。新教皇推举之日，博尔贾对马基雅维利说道，他对一切都早已有所准备，但“我父亲死时，我自己也会濒于死亡，这件事，我却从来不曾想到过”。

马基雅维利对于博尔贾的邪恶行径是颇为熟悉的。对于这一切，他总结起来说：“当我重新审视公爵的一切行动时，我竟然找不到他身上任何一点可以非难之处。恰恰相反，我觉得应当像在上面所做过的一样，让公爵树立形象，作为那些由于机运或者凭借他人的武力而获取君王权的一切人仿效的榜样。”

书中有一章《论教会君王国》（第十一章），很有趣。此章所论，显然是隐藏了马氏的一部分思想的。因为我们读了他在《论说集》中所发表的意见，便知道他在这一章里言不尽意。他之所以要隐藏部分意见，无疑是因为《君王论》一书的写作目的在于讨好美第奇家；又因为正当此书写作时，一位美第奇家族的人正当上了教皇。在《君王论》中，他说，教会王国的唯一困难在于如何得国，因为，一旦取得了国家，由于这些国家是以古老的宗教习尚来保护的，所以不管它们的君王的行为如何，都能维持他们的王权于不坠。这些国王们不需要军队（他是这样说的），“因为这种国家是依靠智力所不能达到的更高的力量支持的，我在此毋庸谈论了；因为这种国家显然是由上帝所树立，也是由上帝所把守着，如果轻易地对它加以评论，就是僭妄、冒失、愚蠢的行为”。不过，他接着说，研究一下教皇亚历山大六世用以大大增强教皇世俗权力的方法，却是允许的。

在《论说集》中，关于教皇权力的讨论，比在《君王论》中所说的要长些，而且诚实得多。在《论说集》中，他首先是将那些有名人物排列成伦理上的等级。他说：最好的人是各个宗教的创立者；其次是君王国与共和国的建立者；然后是文人学士。这些人都是好人，至于那些宗教破坏者，共和国与王国的颠覆者，以及德行与文学的仇敌，都是坏人。凡建立专制统治的人都是邪恶的，其中包括尤利斯·恺撒；另一方面，勃鲁特斯却是好人（将此一见解与但丁的见解做对比，可看出古典文学的影响）。他以为宗教在国家中应占有显著地位，并非为了宗教的真理，而是为了它是一种社会性的水泥；罗马人假装相信预兆，同时处罚那些不信预兆的人——这是对的。他对当时教会所作的批评有二：第一，教会自己所干的坏事，掘毁了宗教信仰的基础；第二，历代教皇们的世俗权力，以其所鼓吹的政策，阻止了意大利的统一。这两个批评，他是以大力表示出来的。“人民越是接近罗马教会——这是我们宗教之首——他们便越是减少宗教信心……这个教会的趋于灭亡与遭到惩罚是近在目前的……我们意大利人变得不信宗教，变得不良，都是拜罗马教会及其教士之赐；不过，罗马教会给我们的一个更大的恩赐，它将成为我们趋于灭亡的原因之一，那便是教会曾经使我们的国家分裂。”①

看到了这样的文学，我们不得不认为：马基雅维利对于切萨雷·博尔贾的推崇，只是为了他的手腕技巧，并非为了他的目的。对于手腕技巧的赞美，对于那些能使一己成名的行为的赞美，在文艺复兴时期是颇为热烈的。当然，这样的感情在任何时代都有，拿破仑的许多敌人曾经热烈赞美过他的军事策略。只是在马基雅维利时代的意大利，对于机谋所怀有的一种类似艺术性的赞美，比之它以前或以后的几个世纪都要热烈得多。企图将此种对机谋的颂赞和马基雅维利认为重要的那些较大的政治目的，二者调和起来，将是一种错误。这两件事，即对手腕技巧的爱好与对意大利的统一所怀有的爱国者的愿望，在马氏心中同时并存着，却丝毫不曾结合起来。就这样，他能够赞美切萨雷·博尔贾的狡

① 这情形直到1870年以前都是如此。

黠，却责怪他使意大利陷于分裂。我们不能不设想，在马氏见解中，一个完美的人应该是这样的：他在运用手段之时，要像切萨雷·博尔贾那样的聪明与无所忌惮，但是他所追求的目的，却得与博尔贾所追求者不同。《君王论》一书以一项对美第奇家族的动人的呼吁作结，他呼吁佛罗伦萨的统治者把意大利从“野蛮人”（即法国人与西班牙人）手里解放出来，这种蛮族的统治是“发着臭”了。这样一桩工作，他并不期待人们从无私的动机出发，而是期望他们从对权力的爱好，更加是从对名誉的爱好出发，去承担起来。

《君工论》谈到君工们的行为的时候，毫不含糊地排斥那些公认的道德。一个国王如果永远做好人，必死无疑；他必须狡黠如狐，凶狠似狮。书中有一章（第十八章）题为《论君王应该如何守信》。从那里我们见到了这样的主张：当守信有利于国王时，国王应该守信，否则就不应该守。为王者有时一定要背信的。

但是君王必须深知如何掩饰这种兽性，必须仿效狐狸的所为，做一个出色的伪装者和假好人。仿效狐狸进行欺骗的人，不必担心找不到心甘情愿而上当的受骗者，那是因为人们的头脑毕竟还是简单，而且极其容易屈服于当前的需要。

新近发生的那一件事，让我实在无法保持沉默：亚历山大六世除了欺骗人们之外，既不曾做过任何其他好事情，也从来不曾梦想做任何其他好事情，但是他总是有一套办法找到心甘情愿的上当受骗者。世界上从来不曾有过一个人比他更加有力地做出保证，比他更加信誓旦旦地肯定某一件事情，更没有一个人比他更加轻易地自食其言。可是，他的欺骗总是称心如意地获得成功，因为他深刻地认识到人类这一普遍存在的弱点。

因此，对于一位君王来说，根本就没有必要具备我在前面文章中列举的全部优良德行，但是表面上则很有必要显得具备这一切德行。

他接下去说，一位君王首先应该装得让人家看上去是信教的。

《论说集》在名义上是对历史学家李维著作的一种评述，这本书的论调与《君王论》很不相同。书中许多章节，通篇都几乎出自孟德斯鸠手笔。书中的最大部分都能让18世纪的自由派读了点首赞许的。互相牵制与互相平衡的学说，书里提出得很为明显。君王、贵族与平民在宪法上都应占有地位，“然后，这三个力量才能互相牵制”。赖克古斯（Lycurgus）所制定的斯巴达宪法最完善，因为它包含了最为完美的平衡。（希腊）梭伦的宪法太民主，因此导致了贝昔斯脱拉图斯（Peisistratus）的专制。罗马共和国宪法是好的，因为它让元老院与平民有所对立。

“自由”（liberty）这个词在书中到处被应用，用以表示某种可贵的东西，虽然它所指的究竟是什么东西，并不很清楚。这东西当然来自古代，并且还传至18、19世纪。托斯卡纳保存着这些自由权利，因为其中没有城堡或缙绅（Gentlemen）——这个名词当然是误译，但是颇为可喜的一个误译。这好像是公认的事：要有政治自由，必须使公民具有某种人的德行。据说，只有在日耳曼，正直和宗教仍普遍地存在于民间，因此，在日耳曼就存在着许多共和国。一般说来，人民是比君王们更为聪明与更有节操的——虽然李维与很多别的作家抱持着相反意见。有人说：“人民的声音便是上帝之声”，这话并非没有理由。

观察下面的这个事实是有趣的：希腊人与罗马人在他们共和国时代

所产生的政治思想，在希腊消失于亚历山大大帝之后，在罗马则中断自奥古斯特大帝，可是到了15世纪，它们却又变得现实了。新柏拉图派、阿拉伯学派与经院学派对于柏拉图与亚里士多德二人的形而上学发生了很大兴趣，可是对于他们的政治著作却毫无兴趣，这因为城邦（City States）时代的政治制度业已完全消失之故。意大利各个城邦的兴起，与文艺的复兴同时发生，这就是使当时的人文主义学者们（humanists）能从希腊、罗马的共和派政治理论中得到教益。对“自由”的爱好，以及关于互相牵制与互相平衡的学说，乃是从古代传到文艺复兴时代的，而近代则主要承袭自文艺复兴时代，虽然其中也有直接从古代承继者。马基雅维利在这个方面，和他在《君王论》中所发挥的较为有名的“不道德”学说，至少具有同样的重要性。

应该注意到：马基雅维利从来不在基督教方面或《圣经》方面去给他的政治论据寻找基础。中世纪的作家们有一种关于“合法”权力（power）的观念，这就是教皇权力与皇帝权力的观念，或者是从二者引申出来的观念。北欧的作家们，甚至远较晚近的洛克，都曾讨论到伊甸园中所发生的事情，并且以为他们能从那里引申出证据来，借以证明某种权力的“合法”性。马基雅维利却无此种观念。谁在自由竞争中由本身夺取权力，权力就是他的。马氏认为平民的政府比较好，其理由并非来自任何“权利”（rights）观念，而是因为他见到代表民意的政府比起专制政府来，不那么残忍，不那么肆无忌惮，不那么毫无节操。

我们将马氏学说的“道德”部分与“不道德”部分作一个综合（马氏自己不曾做过）。下面所述，并非表示我本人的意见，而是马氏曾经说明的以及暗含的各种意见。

政治上有一件好事，其中三者尤为重要，它们是民族独立、安全，以及一部安排妥善的宪法。最好的宪法是这样的宪法：它将法权依照君王、贵族与平民的真实力量分配给三者，因为在这样的宪法之下，胜利的革命难于发生，因而安定可期；但是为了安定起见，将较多权力赋给人民是明智的。以上所谈，都是关于目的（ends）问题。

不过在政治中，还有手段（means）问题。用一些注定要失败的方法追求政治目的，那是一种徒劳。如果那个目的认为是好的，那我们一定要选择一些足以胜任的手段去完成它。手段问题可以用纯粹科学态度来处理，不必顾及目的之为善为恶。“成功”乃指，达到目的，不管你是怎样的目的。如果世上有一门关于成功的科学，那么，坏人的成功，和好人的成功，同样可以拿来研究；不但同样可以研究，其实前一类成功还更好研究些。因此罪恶人成功的事例，比圣贤之有用，正如它对罪恶人之有用一般。因为，一位圣贤，如果关心政治的话，他一定和罪恶人一样，也要想获得成功的。

归根结底，这个问题乃是权力问题。要想完成一个政治目的，总得拥有一种权力，不管是这一种或那种权力。这原本是一个明显事实，却让一些口号给掩蔽了，这些口号有如：“公理终必得势”，或“罪恶的胜利是短暂的”。如果你认为公理的一方得了势，那是因为这一方拥有优势权力之故。不错，权力常需凭借舆论，而舆论则是有赖于宣传；进行宣传时，如果你让人家看来比较有德，你便占了便宜，而要让人家看来有德，方法之一乃是你真正有德——这也是不错的。为了这个缘故，有时候会发生这样情形：胜利确实归向了公众认为是最有道德的一边。我们必须承认：马基雅维利刚才所说的那种情况，确实是 11—13 世纪教会权力不断增长的一个重要因素，也是 16 世纪宗教改革所以成功的一个重要因素。不过，这里是颇有限度的。第一，那些掌握了权力的人，由于控制着宣传，能使它的党派看起来是有德的。譬如说，在纽约或波士顿的公立学校中，谁都不能提到教皇亚历山大六世的罪恶。第二，历史上有纷乱的年代，在这些时代里，彰明较著的恶行常能成功。马基雅维利的时代便是此种乱世之一。在这些时代里，犬儒主义（cynicism）有迅速增长的趋势，这个主义能使人宽恕任何事情，只要它能成功。不过就算在这种时代里，正像马基雅维利自己所说，你在那无知公众面前，最好能装出一个有德的样子。

这个问题还可以向前探深一步。以马基雅维利之见，文明人几乎一定是肆无忌惮的利己主义者（egoists）。他说，现在倘若有人想建立一个共和国，他将会见到：跟山居之民一起建设，比同大城市居民一起建设，要容易得多，因为后者已经为文明所腐败了[①]。如果人是肆无忌惮的利己主义者，那么，人的最聪明的行为方针就是要依照他所凭以行事的民众来规定。文艺复兴时代的教会，其行径的荒唐震惊了每个人，但是只有在阿尔卑斯山以北地区里，它才把人民震动起来，产生了宗教改革。当路德开始起来反叛时，（在阿尔卑斯山以南）教廷的收入非常之大，如果教皇亚历山大六世与教皇尤利乌二世的德行比较好些，教廷多半不会有这么大收入。此事如果确实，这只因为文艺复兴时代意大利的犬儒主义之故。从这里我们可以得出结论：政治家们所依凭的人民对于道德问题是冷淡的，则其行为便会随之而坏些。还有，在一个社会中，那里统治者如果一有罪行，便能为大众所知，那里的政治家们的行为就会好些。在受严格的新闻检查缺席控制的社会中，统治者们的行为便会差些。当然，假仁假义（hypocrisy）常能收得若干效果的，但只要建立

① 卢梭有同样的看法，我们在马基雅维利那里发现了这个先见倒是稀奇的。将马氏解释成为一个失望的浪漫派，是有趣的，也不全错。——原注

起适当的制度，这种效果便能大大减少。

马基雅维利的政治思想，正如大多数古人的政治思想一样，在一个方面是相当浅薄的。他热衷于那些伟大的立法者，诸如来库古与梭伦。人们向来都以为这二人曾经一下子创造出一个社会来，他们在创造新社会时完全不必顾虑到当时以前所曾发生的事情。社会是一种有机的生长物，政治家对这个生长物只能在有限范围内加以影响——这主要是一个现代的观念，它为进化论所大大增强。这个观念，在柏拉图那里固然无法找到，在马基雅维利那里也找不到。

不过，人们也许可以这样说：社会的进化观，在过去虽然正确，可是现在已不再适用，今后，它一定得由更加机械的观点来代替了。在俄、德两国，新的社会被创造出来，他们正好像神话般的来库古创造斯巴达国家的方式，建立了这个新社会。古代的立法者是一个仁慈的神话；现代的立法者却是一个骇人的真实。世界已变得更像马基雅维利当年的世界，现代人如果希望驳倒马氏的哲学，必须比 19 世纪的人更为深刻地将它思索才行。